IP 知识产权专题研究

上海市高校教育高地建设项目资助

JINRONG SHANGYE FANGFA
ZHUANLI CELUE YANJIU

金融商业方法专利策略研究

张玉蓉 著

知识产权出版社

内容提要

本书在系统梳理国内外相关文献的基础上，综合运用企业持续竞争优势理论、专利战略理论和商业方法专利理论，采用规范研究、比较研究和实证研究相结合的方法，对商业方法专利法律制度框架及其对金融企业专利行为的影响、金融商业方法专利组合策略、金融企业专利动机及其专利诉讼策略等问题进行全面深入研究，最终得出具有一定理论价值和实践价值的观点和结论。

本书可供知识产权领域学习者、研究者以及金融行业从业者参考使用。

责任编辑：刘　睿　　责任校对：韩秀天
文字编辑：熊　莉　　责任出版：卢运霞

图书在版编目(CIP)数据

金融商业方法专利策略研究/张玉蓉著．—北京：知识产权出版社，2010.2

ISBN 978-7-80247-843-5

Ⅰ.①金…　Ⅱ.①张…　Ⅲ.①金融-服务经济-专利法-研究　Ⅳ.①D913

中国版本图书馆CIP数据核字(2010)第012559号

金融商业方法专利策略研究

张玉蓉　著

出版发行：知识产权出版社

社　址：北京市海淀区马甸南村1号　　邮　编：100088
网　址：http://www.ipph.cn　　邮　箱：bjb@cnipr.com
发行电话：010-82000860转8101/8102　　传　真：010-82005070/82000893
责编电话：010-82000860转8113　　责编邮箱：liurui@cnipr.com
印　刷：知识产权出版社电子制印中心　　经　销：新华书店及相关销售网点
开　本：880mm×1230mm　1/32　　印　张：6.375
版　次：2010年2月第一版　　印　次：2010年2月第一次印刷
字　数：154千字　　定　价：18.00元

ISBN 978-7-80247-843-5/D·920(2813)

缩略语索引

GP（Grant for Patent）———— 授权专利
PA（Patent Activity）————专利活动
PF（Patent Filing）———— 专利申请
PQ（Patent Quality）————专利质量
CR（Citing Rate）————引证率
PC（Patent Citing）————专利引证
LIT（Litigation）————诉讼
VAL（Value）————价值
DIS（Disclosure）————公开
FOC（Forward Citation）————被引证
CLA（Claim）———— 权利要求
PAF（Patent Family）————专利家族
PPA（Patent Prior Art）————现有专利技术
APA（Academic Prior Art）————现有学术文章

摘　要

在现代市场经济中，金融活动已经成为整个经济活动的基础和核心，在一国经济发展中处于举足轻重的地位。由于金融创新产品往往与做贸易的方法相联系，涉及智力活动的规则和方法，一直以来被排除在可专利主题之外。因此，专利在金融行业中一直起着非常有限的作用。随着计算机和网络技术的发展，商业方法可专利性的障碍逐渐消除。商业方法获得专利保护，无疑为金融企业通过专利的形式保护其金融创新产品以及增强企业竞争优势提供了更好的途径，同时，也使得同行业的市场竞争和创新竞争更加激烈。

本研究在国内外相关文献研究的基础上，综合运用基于资源基础观的企业持续竞争优势理论、专利战略理论和商业方法专利理论，采用规范研究、比较研究和实证研究相结合的方法，对商业方法专利法律制度框架及其对金融企业专利行为的影响、金融商业方法专利组合策略、金融企业专利动机及专利诉讼策略等问题进行全面而深入的研究，最终得出具有一定理论价值和实践价值的观点和结论。

本研究首先基于专利战略理论，建立金融企业专利策略运用的分析框架。笔者把金融企业专利策略运用看做是一个大的系统，包括企业内部系统和外部系统。从企业内部系统来看，金融企业专利策略的运用主要包括专利监控、专利获取和专利实施等密切联系的3个领域。从外部系统来看，金融企业专利策略的运用在很大程度上要受到商业方法专利法律制度和金融行业贸易环境的影响。

商业方法专利法律制度问题是金融企业专利策略运用的法律

基础。本研究对美国、欧盟及我国的商业方法专利制度框架和审查实践及其对金融企业专利行为的影响进行了比较研究。美国对商业方法专利的授权标准最为宽松，而欧盟关于商业方法专利的“技术性”要求是其法律制度的最主要特征。我国商业方法专利法律制度在很大程度上借鉴了欧盟的标准，并且比欧盟的标准更为严格。商业方法专利法律制度对金融企业的专利行为产生重大影响。在此法律框架下，美国金融领域商业方法专利申请和授权量最多，金融企业的专利策略运用也更为积极。

基于专利组合理论，通过专利信息分析得出，非金融机构在金融领域进行战略布局，抢占竞争优势，非金融机构的专利布局构成了对金融机构的主要威胁；私人和小企业持有金融商业方法专利的数量要高于其他行业；金融商业方法基础专利集中度很强；尽管非金融机构在金融领域进行专利布局，但金融机构在金融创新中仍占据优势。金融企业已经纷纷通过构建专利组合策略应对竞争。

金融企业的专利获取动机包括防御性战略、进攻性战略以及交易战略。此外，一种新的金融专利战略模式——“专利钓饵”战略在金融行业的运用越来越普遍。这种新的故意“被侵权”金融专利战略模式可能对技术创新产生阻碍作用，并且加剧“专利丛林”现象。与其他行业相比，金融企业可能遭受更多专利诉讼的影响。在金融专利诉讼中，金融企业通常不是原告，而是被告。该研究表明：在金融行业等与计算机软件有关的复杂性技术行业，企业申请专利的主要目的和动机是用于许可、交叉许可以及把专利作为提高谈判地位的筹码。

商业方法专利价值和专利公开程度对金融专利诉讼行为有显著的影响。价值越大的专利，诉讼的可能性越大；公开越多的专利，诉讼的可能性也越大。在专利价值的影响因素中，专利被引证量以及专利权利要求量对于专利诉讼行为的影响要高于专利家族的影响。而在专利公开的专利文献引证和非专利文献引证两个影响因素中，引证的专利文献对金融商业方法专利诉讼行为的影响要大于非专利文献。进一步研究发现，当专利质量不同时，专利公开对于诉讼行为的影响存在差异。当专利质量较低时，该专利引证的专利技术文献越多，专利被诉讼的可能性越大。

Abstract

Financial industry is playing growing vital role in economy development. Since the financial products are always related to business method which involved mental activities and rules, patents played a limited role for nearly the entire history of financial products and services. The development of computer and network technology eliminate the obstacles of patentability for business method gradually. The appearance of business method patents provides a good approach for the protection of financial products and strengthens the competitive advantage of financial enterprises, which increased the market and innovation competition greatly in financial industry.

Based on the theories of sustainable competitive advantage of resource-based view of the firm, patent strategy and business method patent, the research focus is now directed toward patent strategy in financial industry, which include the framework of patent strategy in financial industry, the patent portfolio strategy for financial business methods, motives to patent and patent litigation strategy. Again, the study combines the methods of normative research, comparative research and empirical research. The main conclusions are as follows.

The analysis framework for patent strategy in financial firms comprises patent monitoring, patent acquisition and patent exploitation, which will be affected by the legal system of business method patents and business environment in financial industry.

Regarding the legal environment of business method patents, the standards in the US are lenient compared with those of Europe. In addition, the technical requirement is the main character of legal system of business method patent in Europe. As to China, SIPO has followed EPO to a great extent and the criteria are even stricter than those of Europe. With the legal background, the applications and awards at the USPTO are the most and financial players in the US are implementing patent strategy activly.

In light of the analysis of patent information, the book argues non-financial institutes are filing financial patent actively, which will bring big threats to financial players. The number of patents hold by individuals and small enterprises is much more than that of other industries. Financial innovation is mainly dominated by financial institutes rather than non-financial institutes in spite of large numbers applications filed by non-financial institutes. There has been a high ratio of forward citation for financial basic patents, which shows the core technologies in this industry are concentrative. To sum up, patent portfolio has become a crucial strategy in financial players.

With regard to the motives to patent in financial industry, besides defensive strategy, offensive strategy and transactional strategy, a new patent strategy named patent troll is increasing popular. The new patent strategy of "being infringed" deliberately in financial industry might baffle technical innovation and increase the phenomena of patent thickets. There is some evidence that patents in this sector are relatively more prone to litigation than patents in general. The research indicates licensing, cross-licensing and negotiation material might be the main motive to patents in financial industry which is related to complex technical industries involving computer software.

The value and disclosure of patent has a positive and significant effect in probability of litigation. Therein to, the effect of forward citation and claims is much more important than that of patent family and patented prior art, rather than academic prior art has a more significant impact. Furthermore, the disclosure of patent has a different effect in probability of litigation with different patent value. With a lower patent value, increasing in disclosure will lead to increased likelihood of litigation.

目　录

第一章 绪 论

第一节 研究背景

法律面对的是一个动态的社会，同其他法律制度一样，知识产权制度也是随着社会的发展而变化的。21 世纪，人类社会已经发展到知识经济时代。根据世界经济合作与发展组织的定义，知识经济即以知识为基础的经济，是以现代科学技术为核心，建立在知识信息的生产、存储、使用和消费之上的经济。与以往的物质经济、资本经济相区别，在知识经济时代，知识和创新将取代传统工业经济时代的土地和自然资源而成为知识经济时代推动经济增长和提升贸易优势的最重要的生产要素。知识产权已经成为高技术经济发展的驱动器。当代的经济竞争正在从有形的竞争转向无形的竞争，商品中的知识含量已经成为竞争的基础和决胜的关键。知识产权正在被提高到空前的高度而成为竞争中最强大的武器。

作为知识产权制度重要内容之一的专利制度也是随着商品经济的发展而产生、发展起来的。17 世纪以后，现代化大生产的出现，商品经济的迅速发展，使先进的科学技术在社会生产中的作用日益重要，新技术成为一种最有效的竞争手段。一方面，新技术的拥有者要求以法律手段保护自己的新技术；另一方面，社会又需要新技术的拥有者尽快向社会公开其新技术，避免重复研究开发，促进科学技术的发展，使新技术更广泛地应用于社会生产，促进社会经济发展。在此历史条件下，专利制度在世界范围内广泛发展起来。专利制度从诞生之日起，就在通过对发明产品提供法律保护而促进技术创新方面起着非常重要的作用。专利制度的激励机制正在于：通过一种利益驱动机制，刺激投资于智力创造的活动持续不断地进行，从而促进技术进步，推动经济增长。随着技术发展在各国起着越来越重要的作用，专利保护对经济发展的重要性也日益突出。在世界范围内，专利申请量不断上升。据世界知识产权组织（World Intellectual Property Organization，简称 WIPO）统计，国际 PCT 专利申请近年来呈逐渐上升趋势，到 2006 年，PCT 专利申请已经超过了 14 万件（见图 1－1），是 1996 年的 3 倍多。

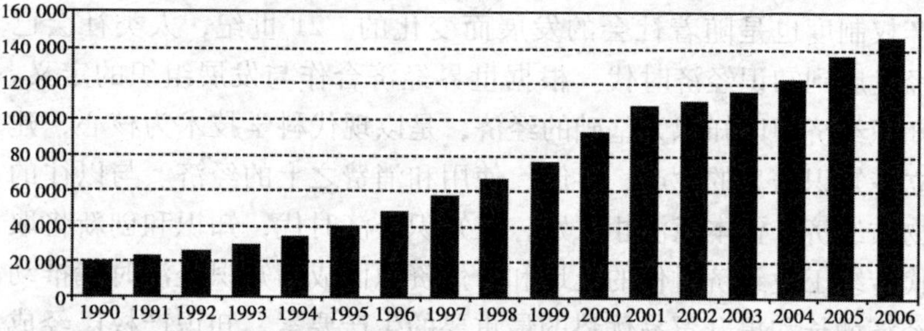

图 1－1　PCT 专利申请

资料来源：WIPO Statistics Database.

此外，三边专利家族[1]、欧洲专利局（European Patent Office，简称 EPO）、美国专利商标局（United States Patent and Trademark Office，简称 USPTO）和中华人民共和国国家知识产权局（State Intellectual Property Office of the People's Republic of China，简称 SIPO）统计的专利申请或授权情况，也明显反应了这一趋势（见表 1－1、表 1－2、表1－3和表 1－4）。

[1] 三边专利家族是指在美国专利商标局、日本特许厅和欧洲专利局都提交的专利申请。

表 1－1 三边专利家族数量

	1995	2000	2001	2002	2003	2004	2005
美国	12 020	15 664	15 417	16 020	16 037	15 916	16 368
日本	9 429	14 709	13 642	13 922	14 428	15 347	15 239
EU－27	11 537	14 563	14 758	14 551	14 723	14 922	14 994
Total OECD	34 554	47 287	46 296	47 467	48 766	50 402	51 386
中国	19	90	122	195	253	312	433

资料来源：OECD，Main Science and Technology Indicators（2007）及笔者计算。

表 1－2 EPO 专利申请量

	1995	2000	2001	2002	2003	2004	2005
美国	7 331	10 174	11 589	11 837	11 373	11 358	11 658
日本	5 281	7 050	8 028	9 470	8 507	8 790	9 211
EU－27	6 864	11 610	13 401	15 032	15 183	14 466	14 231
Total OECD	20 364	30 550	35 088	38 716	37 592	37 682	38 734
中国	52	315	409	556	807	1 004	1 403

资料来源：OECD，Main Science and Technology Indicators（2007）及笔者计算。

表 1－3 USPTO 专利授权量

	1995	2000	2001	2002	2003
美国	76 874	115 215	120 499	123 130	128 299
日本	29 820	40 828	40 636	41 441	43 307
EU－27	23 327	33 455	33 824	33 556	33 821
Total OECD	138 657	201 959	208 116	212 327	220 548
中国	77	450	525	733	838

资料来源：OECD，Main Science and Technology Indicators（2007）及笔者计算。

表 1－4 SIPO 专利授权量

	2001	2002	2003	2004	2005	2006	2007	2008
国内申请人	99 271	112 088	149 588	151 328	171 619	223 860	301 632	352 406
国外申请人	14 981	20 313	32 638	38 910	42 384	44 142	50 150	59 576

资料来源：http：//www. sipo. gov. cn/sipo2008/tjxx/.

专利需求的增加对专利权人提出了新的挑战。传统意义上的专利一般作为法律工具，企业申请专利的动机主要是作为防御性的工具使用以保护其核心产品或生产方法不被模仿。然而，现代企业利用专利的方式正在逐渐发生变化，越来越多的企业不仅仅把专利作为一个法律工具，而且也通过对专利的战略使用将其作为增加企业贸易机会和企业财富的强有力的金融资产和竞争工具。国际上越来越多的成功的大型跨国企业，如英特尔、微软、IBM 等已经开始使用专利作为占领市场、打击竞争对手以及增加企业收入的重要竞争武器。Rivette 和 Kline（2000）认为专利的战略管理和使用能够从 3 个方面大大提高公司贸易方面的成功机会：（1）建立起独占市场优势。一方面专利可以保护核心技术和贸易方法；另一方面，专利可以促进研发和品牌效应。（2）提高企业金融执行能力。专利的战略管理可以减少企业成本、吸引新的资本和提高企业价值。（3）全面提高企业竞争优势。通过专利的战略使用可以阻碍竞争者的产品发展计划、获得利用新市场的机会以及减少风险。因此，知识产权管理和运用已经成为一个新的企业战略问题。

在企业利用专利的方式正在发生变化的同时，随着新科学和新技术的发展，专利保护的范围在社会发展的不同阶段也不断得到扩展。随着全球电子计算机和通信等技术的飞速发展，遍布全球的信息网使国家之间、地区之间的时空距离完全消失，人类有史以来第一次有了瞬间即可分享的信息。传统的知识产权客体所不能及的高科技智力成果，如集成电路、计算机软件、生物工程等的不断出现，给传统的知识产权保护提出了极大挑战。尤其值得关注的是，以互联网为标志的计算机信息网络技术的迅速发展及其成功的商业化应用，极大地改变了传统的经济运作模式，特别是在电子商务产生和发展过程中，集合了计算机技术、数字技术、网络技术等多种技术手段的综合应用，形成了许多新的不同于以往的交易手段、交易方式以及商务模式，涉及数据处理、商业运营及企业管理等诸多方面，给人们的交易方式和交易习惯带来了巨大影响，由此也引起了专利法律制度的变革。1998 年美国联邦巡回上诉法院（United States Court of Appeals for the Federal Circuit，简称 CAFC）对 State Street Bank & Trust Co. v. Signature Financial Group Inc. 案[1]（简称 State Street Bank 案）作出终审判决，明确了商业方法的可专利性。受美国商业方法专利政策的影响，欧洲、日本等国考虑到自身利益以及网络经济的发展前景，对其政策和法律也进行了相应调整，逐步放开了对商业方法的专利保护。

商业方法专利的出现给与之相联系的行业带来了巨大影响，其中影响最大的就是金融行业。在商业方法专利出现之前，金融行业一般通过商业秘密或其他知识产权形式来保护其金融创新产品。电子商务使全球金融业进入有史以来最深刻的金融变革进程，推动了全球经济一体化和金融一体化的发展，金融行业全面进入了网络金融时代。网络时代的金融服务行业经常要面对快速而重要的技术变革，为了应对行业竞争，金融企业需要在其贸易相关领域大量并持续性地进行金融商业方法创新方面的投入，如金融交易方法、数据管理方法、客户信息交流、风险管理方法等。计算机和网络技术在金融行业的广泛应用，使金融业正在成为商业方法专利发展最快的行业之一。

在实践中，与计算机和网络技术相结合的商业方法创新正日益成为金融创新的主流，大量涉及利用网络技术对金融信息进行分析和管理的商业方法被创造出来。这些商业方法，在金融创新中处于核心地位。金融创新产品极易被模仿，在没有专利保护的情况下，金融机构的创新几乎不可能不被模仿。Tufano（1989）对美国 1974～1986 年间 58 项金融产品创新进行实证研究发现，

[1] State Street Bank& Trust Co. v. Signature Financial Group，149 F.3d，1368 (Fed. Cir. 1998).

在这58项创新产品中，有35项新产品在1年内被竞争对手快速模仿，竞争对手进入或模仿产品推出的平均滞后期仅为77.6天；模仿者跟进之前，创新者平均承销新产品的交易笔数仅为1.8笔。金融业内竞争者的模仿行为对创新者的竞争优势产生明显的负面影响。美国学者 Clemons（1991）认为，在存在模仿的情况下，特别是当强大的竞争对手也加入模仿者行列时，金融企业很难从应用信息系统中获得持久的竞争优势，而对商业方法授予专利权，无疑给金融服务和金融产品创新提供了一个行之有效的法律保护途径，可以使积极置身于创新的金融机构通过专利手段来保护自己的金融创新成果，维持持久的竞争优势。此外，通过对这些金融商业方法专利的战略使用，如进行专利许可，还可以获得许可收入并创造其他贸易机会。

目前，商业方法专利几乎覆盖网络金融活动的各个方面，商业方法专利对各国金融发展和金融竞争的影响日益增强。政策的变化直接影响了金融企业的专利行为。越来越多的金融企业开始寻求通过专利的形式及其战略运用来保护其金融创新成果。与传统行业不同，网络电子商务所带来的市场竞争障碍的瓦解以及网络行业边界的模糊性，使得商业方法专利的战略运用具有更加重要的意义和价值。对商业方法专利进行成功战略运用的典型案例是戴尔公司。戴尔公司在个人电脑开发上的成功并不是依赖其产品的技术独占性，而是研究出一种创新型的“build-to-order”的商业直销模式。戴尔公司利用该商业方法专利通过与 IBM 公司达成一项专利交叉许可协议，使得戴尔公司可以免费使用一项原本需要支付几千万美元使用费给 IBM 公司的专利技术，该交叉许可大大降低了戴尔公司的成本，从而使其获得更多的价格优势，并大大提高了竞争力（Rivette 和 Kline，2000）。

商业方法专利保护的放开，究竟将对金融企业的专利行为产生什么样的影响？目前金融业商业方法专利竞争态势如何？金融企业获取商业方法专利的动机是什么？金融企业如何实施其所拥有的商业方法专利？对这些问题的研究将是本书研究的中心内容。

第二节 研究目的和意义

本研究目的是探讨在与计算机软件有关的商业方法获得专利保护的背景下，金融企业对于商业方法专利的战略运用问题。在研究过程中，将主要就金融企业的专利组合、专利获取动机以及专利诉讼问题进行研究。这些问题的研究，将有以下理论意义和实践意义。

一、理论意义

在世界贸易竞争日益激烈化和全球化的背景下，企业通过各种方式和战略来获得竞争优势。已有研究显示无形资产、知识产权，尤其是专利以及专利的战略运用已经成为企业获取竞争优势和持续竞争优势的重要来源。关于专利战略的研究，一方面是从企业专利行为的单个领域来进行研究，如专利获取、专利许可等战略决策问题；另一方面是从行业的视角来进行研究，目前的研究主要集中于需要很强专利保护的行业，典型的如制药行业、半导体行业等。在服务行业方面，Bader（2007）对服务行业在研发管理中的知识产权管理问题进行了研究。就笔者所知，几乎还没有对服务行业尤其是伴随着商业方法专利而产生的金融服务行业的专利战略行为的研究。Lerner（2003）通过对金融企业的问卷调查和访谈发现美国金融企业已经开始注重对专利的战略运用。本书以金融行业作为研究对象，研究了金融企业专利策略的运用问题。该研究结果可以更好地定义商业方法专利怎样帮助金融企业获得长期竞争优势，扩展了目前的企业竞争优势理论。同时，通过对金融企业对商业方法专利的战略运用问题的研究，得出金融企业专利策略实施模式，丰富了专利战略理论。

二、实践意义

在实践方面，随着商业方法专利申请和授权量的迅速增长，以及金融竞争的激烈化和全球化，金融企业必将越来越重视对金融商业方法专利的战略运用。商业方法专利对于金融企业建立和获得持续竞争优势将会起到越来越重要的作用。本研究遵循了实证研究的方法，针对行业特点，详细分析了金融专利的竞争态势以及金融企业所采取的专利策略行为，为我国金融企业在金融全球化背景下如何应对国际竞争和挑战，运用专利战略促进金融创新，提高企业竞争力提供了可以借鉴的经验。

第三节　相关概念界定

一、商业方法专利（Business Method Patent）

大多数学者通常使用简单的“商业方法专利”来描述与电子商务或贸易活动有关的专利。有学者试图使用“网络专利”（internet patent）来特别说明该类专利所具有的网络贸易的本质（Chiappetta，2001）。此外，也有学者使用“商业模式专利”（business model patent）来说明其范围已经超出了一般贸易方法的网络运用，特指能够重复并且能够产生价值的一种贸易模式的整体概念。[1] 通常情况下，“商业方法专利”或“做贸易的方法专利”使用最为广泛，包括了其他学者所提出的类似术语。本书将采用广泛使用的“商业方法专利”表述来表达与电子商务和贸易活动有关的所有专利。

讨论与商业方法专利有关问题的困难之一就是到目前为止，还没有关于商业方法专利的统一定义（Hall，2003）。在美国、

[1] “商业模式专利”在日本文献中更多被使用。

欧盟或其他国家关于商业方法专利的相关文献中，也没有专门的专利法律或相关案例法对“商业方法”或“商业方法专利”作出明确定义。WIPO 以及各国专利局为了各自需要对商业方法专利均作出了相关定义。

WIPO 对商业方法专利的定义是：商业方法专利涉及的是那些借助数字化网络经营商业的、有创造性的商业方法。❶

USPTO 对美国专利分类号 705 类提供了如下定义：是装置及相应执行数据运算操作的方法，其被设计专门用于企业实践、经营、管理或处理金融数据，通过处理后能够使数据或执行的计算操作发生明显改变。❷ 这些方法专利主要用于各种贸易活动，例如：（1）金融——信贷方法、销售系统、资金转移、税收处理、投资计划等；（2）金融工具和技术——金融衍生品、评估方法等；（3）优化方法——计划和资源分配等；（4）与市场相关的方法——广告管理、激励程序等；（5）信息获取、人力资源管理等；（6）电子商务工具及其构造——拍卖、电子购物等；（7）投票方法、教育和培训方法等。

EPO 对商业方法专利的定义是：商业方法是涉及人、社会与金融之间关系的任何主题，包括以下内容：（1）调查用户习惯的方法；（2）市场营销方法；（3）引导用户消费方法；（4）商品及服务的方法；（5）记账方法；（6）开发新市场和新交易的方法；（7）产品及服务的分配方法；（8）产品与制作方法的利用（例如集装生产线使用方法、快速生产方法等）；（9）在金融服务和与互联网有关的电子商务活动中产生的大量涉及商业方法的专利。❸

在 SIPO 所编写的《商业方法相关发明专利申请的审查规则

---

❶ http：//ecommerce. wipo. int/primer/index. html.

❷ http：//www. uspto. gov/web/offices/ac/ido/oeip/taf/def/705. htm.

❸ Likhovski，M. The first mover monopoly. Oxford Intellectual Property Research Center，St Peter's College，Oxford University. www. oiprc. ox. ac. uk.

（试行）》[1]中，把商业方法专利定义为：商业方法发明专利申请是指以利用计算机和网络技术完成商业方法为主题的发明专利申请。

笔者认为，"商业方法专利"是指通过计算机硬件和软件等执行或运行的与其贸易活动有关的商业方法或商业模式。通过该定义，一方面，"商业方法"必须与贸易有关，它必须是一个方法或一种活动，而并不是一种装置；另一方面，该方法的实施方式必须是与计算机硬件和软件有关。

二、金融专利（Financial Patent）

金融专利是指所有金融产品所申请的专利，包括金融商业方法专利，也包括其他一般的金融产品专利。在美国，金融专利主要分布在 705/35—705/45 以及 705/4 中。然而，真正意义上的金融商业方法专利则主要涉及 705/35—705/38 以及 705/4。705/36—705/45 等主要涉及金融机构后台办公处理（如 ATM 网络、远程银行、电子资金转移等）的金融专利，并不属于真正意义上的金融商业方法专利（Lerner，2002）。在我国，由于我国专利法规定了 3 种专利：发明、实用新型以及外观设计，因此，金融商业方法专利只可能是发明专利，而不会是实用新型或外观设计专利。

金融产品创新的核心是商业方法，它们在金融创新中起着绝对的主导地位，是支撑金融企业技术发展的关键，同时也是金融企业竞争的核心和焦点。本书的研究对象是金融商业方法专利，为叙述方便需要，本书中所提到金融专利与金融商业方法专利，两者为同一含义。

---

[1]《商业方法相关发明专利申请的审查规则（试行）》并没有对公众公开发布，而只是作为审查员审查商业方法专利时的内部参考。

三、专利战略（Patent Strategy）

学术上对于专利战略的定义，Knight（2001）认为专利战略是一种运用商业、技术和法律资源的科学与艺术。Somaya（2002）则定义专利战略是通过对专利的获得和管理来为企业取得竞争优势。就笔者看来，专利战略和专利策略（patent tactics）存在区别："专利战略"是指企业对其专利活动所建立的长期目标以及对相关目标的实施。"专利策略"是"专利战略"的组成部分，是指企业为实现其战略目标，在现有资源下所采取的有针对性关键制胜的专利决策。前者偏重于宏观目标，而后者则偏向于微观决策。但目前学者们在对该主题的相关问题研究中，并没有对两者进行明确区分。事实上，我们通常所说的专利战略在大多数情况下应该称之为专利策略。本书为表述方便，也将之称为专利战略。

第四节 研究内容、技术路线及创新

一、研究内容

在对金融业商业方法专利策略的研究过程中，本书以专利战略理论为基础，以商业方法专利法律制度为背景，综合运用资源基础观理论、专利战略理论、商业方法专利理论等最新研究成果，采用比较分析法、案例分析法、实证分析法等研究方法，沿着"理论分析——比较分析——实证分析"的研究线路；采用"外在因素——专利竞争态势——专利动机——专利实施"等的分析范式对选题进行研究。因为在分析某个行业的专利行为之前，首先，要考虑的是该行业的经济贸易和法律背景，这些外在因素对企业专利行为产生很大影响，不同行业、不同法律背景下的企业专利行为存在很大差异。其次，分析企业的专利行为，我们需要重点研究的一个问题就是企业专利的组合分布，这是研究企业专利行为的基础。通过专利组合分析，可以识别在这个行业里面企业的专利倾向和分布情况，从而识别企业的专利战略。再次，在通过专利组合分析企业专利策略运用的基础上，我们需要进一步考虑企业为什么要申请这些专利，其申请专利的战略意图是什么？也即企业申请专利的战略动机问题。最后，专利的价值并不在于其专利本身的有效性，而在于对专利的战略运用，如专利诉讼策略的选择等。

针对这种分析线索，笔者对选题进行了比较深入的研究。主要研究内容如下：

（1）首先对基于资源基础观的企业持续竞争优势理论、专利战略理论以及商业方法专利理论进行了文献回顾，为研究奠定理论基础。

（2）基于专利战略理论，在对传统金融行业“独占性机制”进行分析的基础上，研究了商业方法专利在金融企业中的价值，从理论上提出了金融企业专利策略运用的框架模型。

（3）对商业方法专利法律制度背景及其对金融业专利行为的影响进行了深入比较分析，为金融业商业方法专利策略运用提供法律基础。

（4）基于专利组合理论，通过专利信息分析方法，研究了金融商业方法专利的战略布局和竞争态势，对金融商业方法专利组合策略进行了识别。

（5）研究了金融企业的专利获取策略。通过对美国金融领域的典型专利诉讼案例进行研究，分析其对专利的战略运用，识别金融企业的专利获取动机。

（6）研究了金融企业专利诉讼策略问题。实证检验了专利价值和专利公开程度对金融企业商业方法专利诉讼行为的影响。

二、研究方法及技术路线

本研究采用管理学、法学和经济学等方法进行理论和实证研究，并采取文献研究、系统分析、比较研究、案例研究、实证研究等方法进行了深入的探讨。

（1）文献研究方法。对企业持续竞争优势理论、商业方法专利理论、专利战略理论等相关文献进行回顾和评论，得出金融企业专利策略运用的理论框架。

（2）系统分析方法。本研究利用系统论的分析思路，把金融企业的专利策略运用看做一个统一的、不可分割的系统。其中企业内部系统包括专利信息监控、专利获取以及企业对于专利的战略实施等相互联系、密不可分的三个方面内容。同时该系统还要受到来自外部贸易经济环境和法律制度环境的影响。外部影响因素与企业内部系统又构成一个更大的企业专利策略运行系统。在此框架下分析企业的专利决策问题。

（3）比较研究方法。对美国、欧盟和我国商业方法专利法律制度立法、司法和审查实践及其对金融企业专利行为的影响进行了深入比较研究。

（4）案例研究方法。关于金融企业专利获取动机的研究，本研究主要使用案例分析方法。与传统上对企业专利动机的问卷和访谈研究相比，案例分析方法能够更便捷、更直接地研究企业专利动机的本质，减少由于问卷和访谈人员的主观认识性所造成的偏差。

（5）实证研究方法。实证研究方法是近几年来各学科研究方法发展的一种趋势。所谓实证分析，是指对客观事务“实际是什么”的分析和陈述，不包括个人的价值判断。用实证研究方法分析法律问题还是一种新的研究方法，国内目前还很少有这方面的研究，而国外也是近几年才刚刚开始。笔者在研究金融企业专利的实施策略时，尝试性地运用了实证研究方法来分析金融企业的诉讼策略问题。

研究框架、研究方法与技术路线图如图 1－2 所示。

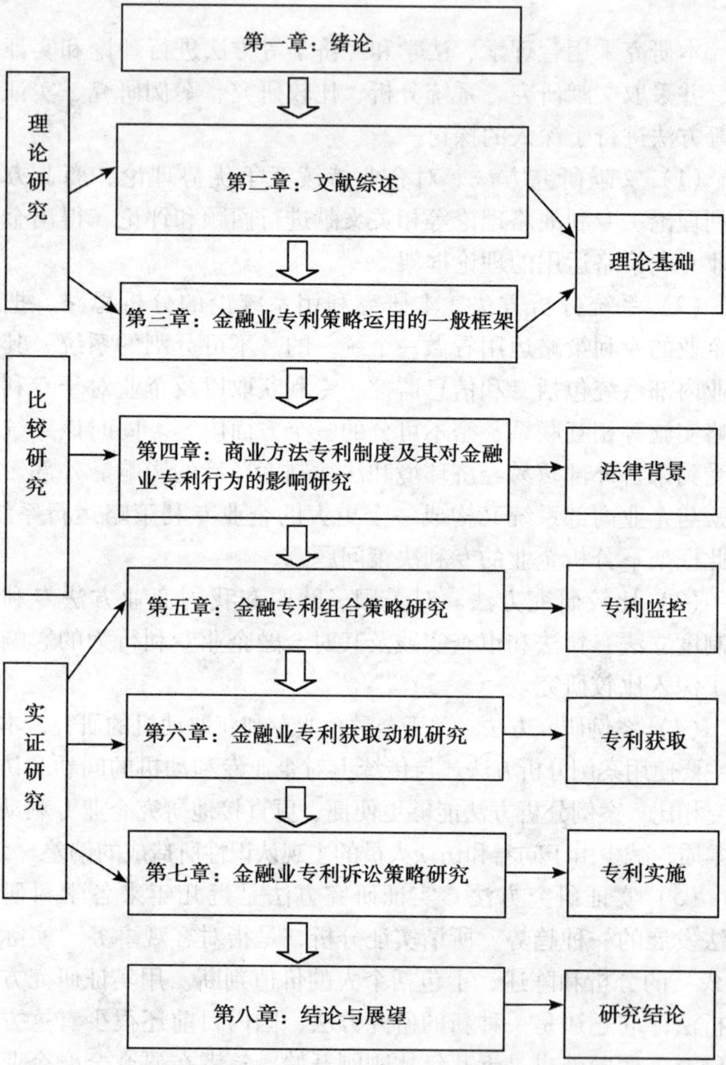

图 1－2　研究框架、研究方法与技术路线

三、主要创新之处

本研究基于金融企业中的大量案例、实证数据而展开，继承性地综合运用了前人的分析方法与研究成果，通过严密的理论分析、比较分析、案例分析和实证分析，形成本书的研究观点。本研究在充分借鉴与应用已有相关理论和方法解决金融企业专利策略行为问题时，力图在以下五个方面有所创新，完善原有理论体系的不足，提高本研究的理论价值和实践指导作用。

创新点主要体现在以下几个方面：

（1）基于专利战略和商业方法专利理论，提出了金融业专利策略行为的框架模型。

已有研究表明，不同行业企业的专利行为存在很大差异。与其他行业相比，金融商业方法专利保护及专利行为更为复杂，因为金融企业的专利行为与商业方法专利法律制度密切相关。其他行业专利战略行为的研究无法用于解释金融企业的专利行为。因此，本研究基于金融行业经济特性及商业方法专利制度的法律背景，以专利战略理论为基础，提出了金融企业专利策略的框架模型。本研究把金融企业专利策略运用看做是一个大的系统，包括企业内部系统和外部系统。从企业内部系统来看，金融企业专利策略的运用主要包括专利监控、专利获取和专利实施等相互密切联系的三个领域。从外部系统来看，金融企业专利策略的运用在很大程度上要受到商业方法专利法律制度和金融行业贸易环境的影响。

（2）商业方法专利法律制度问题是金融企业专利策略运用的法律基础。美国标准最为宽松，我国采用了欧盟的“技术性”标准，但比欧盟更为严格。

本研究对美国、欧盟和我国的商业方法专利制度框架和审查实践进行了深入比较研究，分析了三者的一致和差异。其中美国对于商业方法专利的授权标准最为宽松，欧盟关于商业方法专利的“技术性”要求是其法律制度的最主要特征。我国商业方法专利法律制度在很大程度上借鉴了欧盟的标准，并且比欧盟更为严格。商业方法法律制度对金融企业的专利行为产生重大影响。在此法律框架下，美国金融领域商业方法专利申请和授权量最多，金融企业的专利策略运用也更为积极。

（3）基于专利信息分析，通过专利组合理论，识别了金融商业方法专利的竞争态势及专利组合策略。

以往对于商业方法专利行为的研究或者不是以金融企业作为研究对象，或者是从金融创新的角度来研究金融商业方法专利问题。本研究借鉴了专利组合理论的研究成果，首次对金融企业的专利策略进行了识别。研究发现：基于专利组合理论，通过专利信息分析得出，非金融机构在金融领域进行战略布局，抢占竞争优势，非金融机构的专利布局构成了对金融机构的主要威胁；私人和小企业持有金融商业方法专利的数量要高于其他行业；金融商业方法基础专利集中度很强。尽管非金融机构在金融领域进行专利布局，但金融机构在金融创新中仍占据优势。金融企业已经纷纷通过构建专利组合应对竞争。

（4）除防御性战略、进攻性战略及交易战略以外，故意“被侵权”战略成为金融企业专利获取策略的又一个主要动机，这使得专利许可和交叉许可在金融企业的运用更为普遍。

与以往对企业专利动机的问卷或访谈的研究方法不同，本研究对金融企业专利获取动机的研究运用了案例分析方法。运用案例研究方法研究企业的专利动机，可以克服由于人的主观认识差异所导致的分析结果的偏差。通过案例分析发现：金融企业的专利获取动机包括防御性战略、进攻性战略以及交易战略。此外，一种新的金融专利战略模式——“专利钓饵”战略在金融行业的运用越来越普遍。这种新的故意“被侵权”金融专利战略模式可能对技术创新产生阻碍作用，并且加剧“专利丛林”

(patent thickets)现象。与其他行业相比，金融企业可能遭受更多专利诉讼的影响。在金融专利诉讼中，金融企业通常不是原告，而是被告。该研究表明：在金融行业等与计算机软件有关的复杂性技术行业，企业申请专利的主要动机是用于许可、交叉许可以及把专利作为提高谈判地位的筹码。

（5）专利价值和专利公开程度对金融商业方法专利诉讼行为有重要的影响。

以美国金融商业方法专利诉讼案例为研究对象，实证分析了商业方法专利的特性即专利价值和专利公开程度对专利诉讼行为的影响。研究结果表明，专利价值和专利公开程度对金融专利诉讼行为有显著的影响。价值越大的专利，诉讼的可能性越大。公开越多的专利，诉讼的可能性也越大。在专利价值的影响因素中，专利被引证量以及专利权利要求量对专利诉讼行为的影响要高于专利家族的影响。而在专利公开的专利文献引证和非专利文献引证两个影响因素中，引证的专利文献对金融商业方法专利诉讼行为的影响要大于非专利文献。进一步研究发现，当专利质量不同时，专利公开对于诉讼行为的影响存在差异。当专利质量较低时，该专利引证的专利技术文献越多，专利被诉讼的可能性越大。

第二章 文献综述

第一节 基于资源基础观的企业持续竞争优势理论

一、资源观理论

企业资源观（resource-based view of the firm，简称 RBV）是战略管理领域的主流理论之一，也是研究企业竞争优势的基础理论。以 Penrose（1959）等学者的开创性工作为基础，Wernerfelt（1984）提出了企业的资源基础观点，首次完整地阐述了这一理论，经过 Barney（1986，1991）、Perteraf（1993）等学者的进一步发展完善，成为目前战略管理研究的理论基石之一。

资源观认为，企业的资源和能力是企业获得高额回报利润率和持续竞争优势的基础。基于资源观的竞争优势分析的关键在于资源的选择机制和能力构建机制。该理论在探索企业竞争优势的形成机制中没有局限在具体的产品/市场层面上，而是聚焦于企业内部所拥有的一组资源，并试图用这些资源的构成和性质解释竞争中频繁出现的优胜劣汰现象。这一观点设想企业是不同资源、能力和竞争力的惟一集合体，这些资源与能力是企业建立持续竞争优势（sustainable competitive advantage，简称 SCA）的基础。

资源学派对资源有比较多的定义，如：（1）Coyne（1986）认为组织资源可以分为两大类："拥有"（having）和"使用"（doing）的能力。（2）Hall（1992，1993）在 Coyne 的基础上，认为核心资源（core resource）会以资产和能力两种形式出现，这两种形式包含了"拥有"和"使用""依赖于人"（people depended）与“不依赖于人”（people independed）及“法律可保护与法律无法保护”等3类。（3）Barney（1991）把资源总结为3类：物质资源（physical capital resources），包括企业的厂房、设备、地理位置、原材料等；人力资源（human capital resources），包括员工的培训、经验、关系以及经理人员和员工的远见等；组织资源（organizational capital resources），包括企业的正式结构、正式与非正式的计划、控制与协调系统、组织的非正式关系以及组织与外部环境的关系等。（4）Grant（1996）将企业资源分为3大类：有形资源（tangible resources）、无形资源（intangible resources）和人力资源（human resources）。有形资源如实物资产和财务资源等。实物资产等有形资源已经不如以往重要，取而代之的是无形资源，包括技术（technology）、声誉（reputation）与文化（culture）。员工是人力资源的组成部分，包括专业技术与知识（specialized skills & knowledge）、沟通与应对能力（communicative & interactive ability）及其动机（motivation）。

二、持续竞争优势

竞争优势是一种特质。一般来说，只要竞争者在某些方面具有某种特质，它就具有某种竞争优势。因此，竞争力是一种综合能力，而竞争优势只是某些方面的独特表现。竞争优势可以使企业在市场中得到的好处超过它的竞争对手。

戴维·贝赞可（David Besabko）等人用竞争优势框架来解释为何一些企业能获得竞争优势而另一些企业却不能（见图2-1）。

一个企业要创造出高于竞争对手的价值，必须在全部或部分活动中做得比竞争对手要好，这就要求企业拥有比竞争对手更优质的资源和能力，否则，任何创造超额价值的战略都会被很快地模仿。一个企业的盈利性不仅是产业条件的函数，而且也是它相对于竞争对手创造的价值的函数。企业只有具备创造超过竞争对手的总价值的能力，才能获得竞争优势。

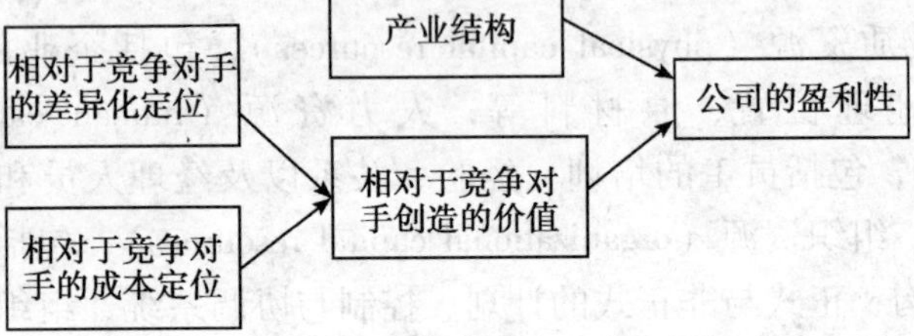

图 2－1　竞争优势框架

资源基础理论认为企业具有持续竞争优势必须符合两个条件：(1) 企业战略在同期内不能被竞争对手实施；(2) 企业战略不能被其他企业所复制或模仿。这里“持续”一词的含义不是指具体时间的长短，竞争优势的持续与否取决于现有的和潜在的竞争对手模仿的可能性。只有当对手试图复制战略的努力尝试之后，竞争优势仍然存在，这样的竞争优势才是持续的。此外，持续优势也不会永远持续下去，当产业中经济结构发生变化，就可能会使得原有的竞争优势不再有任何价值。在新的产业结构条件下，以前那些有价值的资源可能成为劣势，而企业也可能创造出新的持续竞争优势。

在分析企业持续竞争优势来源的问题上，资源基础论基于两个假定：(1)，资源异质性。资源基础论假定行业内企业控制的资源具有异质性。(2) 不完全流动性。资源基础论假定资源并不能在企业间完全流动，从而企业间资源的异质性可以长期存在。资源基础论正是从这两个假定出发来分析持续竞争优势的来源问题。

Barney (1991) 指出，并不是所有的资源都能够使企业获取持续竞争优势。持续竞争优势的资源，必须具备 4 个特性：

(1) 价值性。作为持续竞争优势获取所需要的资源必须具有价值性，只有资源有利于战略执行并能改善企业的效率和效能时，资源才具有价值性。（2）稀缺性。如果资源被大多数现有和潜在竞争对手所有，那么这些资源就不可能成为竞争优势或持续竞争优势的来源。只有资源为某一企业所独占或者为少数企业所拥有时，资源才具有创造竞争优势或持续竞争优势的潜力。（3）不可完全模仿性。仅仅拥有价值和稀缺性的资源并不能保证企业获取持续竞争优势，企业要获取持续竞争优势所需要的资源必须是竞争对手没有而且不能模仿的。资源的不可模仿性往往是基于其独特的历史条件、因果模糊性和社会复杂性而形成的。（4）不易替代性。企业要获取持续竞争优势的最后一个条件是竞争对手不能拥有可以替代的类似资源。资源特性与持续性竞争优势的关系如图 2－2 所示。

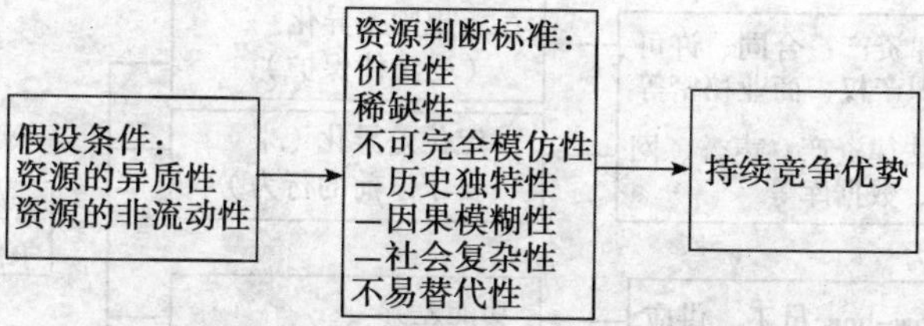

图 2－2　资源特性与持续性竞争优势的关系

资料来源：根据 Barney（1991）整理。

Coyne（1986）认为，持续性竞争优势来自 4 种能力差异化形式：

（1）功能差异化（functional differential）：该种差异化的能力属于一种 know-how，来自于知识、技能、员工经验以及对供应商等的 know-how，当这种 know-how 可以用来制造或维持具有竞争优势的产品时，其就创造了功能差异化。

（2）定位差异化（positional differential）：这种差异化是基于过去行为的结果，它不仅是成果，也具有防御的功能。

（3）文化差异化（cultural differential）：这种差异化的能力往往蕴含在组织成员和团队当中，包括习惯、态度及价值观等。

（4）规则差异化（regulatory differential）：这种差异化包括在法律保护下所拥有的合法实体，如知识产权等。

Hall（1992）在 Coyne（1986）研究的基础上，认为企业持续竞争优势来自于企业与竞争者的能力差异，而能力差异又来自于本身的无形资产。无形资产可分为两类，以竞争力（competence）为基础，属于"能力"；以资产为基础，属于"拥有"（having）。通过能力差异将无形资源和持续竞争优势联系起来，构建了一个无形资源、能力差异和持续竞争优势的框架模型（见图 2－3）。

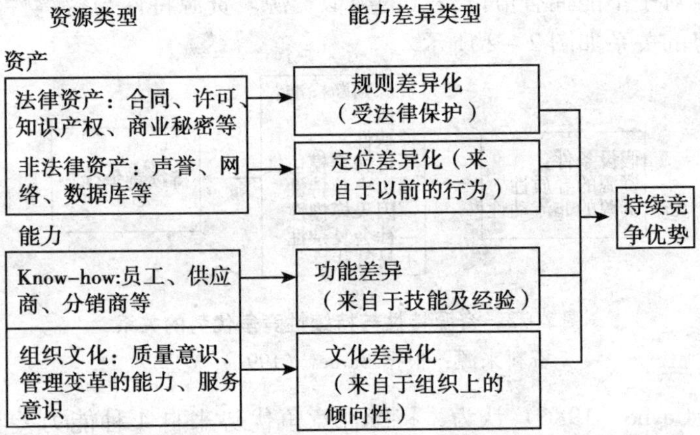

图 2－3　无形资源、能力差异及持续竞争优势

资料来源：根据 Hall（1992）整理。

三、无形资产在企业获取持续竞争优势中的战略作用

根据 RBV 理论的以上分析，异质性的资源和能力构成了企业竞争优势的基础。而知识产权也被 RBV 理论认为是能够为企业创造持续竞争优势的主要资源之一。Reitzig（2004）认为，知识产权能够帮助企业在各个方面获得竞争优势，在以下 3 个方面

尤为突出:（1）知识产权能够提供暂时的技术领导优势;（2）保护企业品牌;（3）帮助形成行业标准。专利和商标的组合能够帮助企业建立以知识产权为基础的持续竞争优势。专利的使用创造了短期的技术领导优势，也是创造竞争优势的最好方式。Bader（2007）认为企业通过法律保护战略，如专利、商标等来支持和加强事实保护战略（如分配网络、成本优势、客户优势等），并通过这种临时的垄断利润来获得竞争优势。从专利来看，按照 RBV 对于资源的判断标准，因为专利具有价值，所以专利的运用有利于战略执行并能改善企业的效率和效能。专利也是稀缺的，由于专利不被大多数现有和潜在的竞争对手所拥有，为某一企业所独占或者为少数企业所拥有，它具有了创造竞争优势或持续竞争优势的潜力。同时专利是不可完全模仿的，在受法律保护的一段时间内，竞争对手不可以模仿。所以专利作为企业的资源具有一种不可替代性。知识产权，尤其是专利保护所具有的特性长期以来被资源学派认为是隔离机制（isolating mechanism），是形成竞争优势的基础。“隔离机制”也作为惟一非契约企业专有资产，被 RBV 作为企业竞争优势的核心来源。由于受隔离机制的保护，企业研发所形成的专利可以成为防止竞争对手模仿或削弱对手企业竞争优势的资源，使企业的相对竞争优势可以持续下去。隔离机制的功能一方面在于专利权在排斥模仿方面具有法律方面的垄断权，另一方面在于它的先动优势。因此，专利被企业作为防止有价值的资源被竞争者模仿的战略性工具而使用。企业专利战略就是企业通过专利的获得和管理来取得竞争优势（Somaya，2002）。

第二节　专利战略理论

专利战略研究是专利管理领域近几年研究的热点问题。目前围绕专利战略的相关研究还处于初级阶段。已有研究主要从以下几个方面展开。

一、专利战略的主要理论观点

关于专利战略，目前还没有形成系统的理论观点，相关研究还比较分散。Somaya（2002）首次试图从理论角度来研究专利战略问题。比较有代表性的几种理论观点如下。

（一）隔离机制理论（Isolating Mechanisms）

专利的隔离机制理论是指通过专利的战略使用，把专利作为企业防止模仿的工具，从而保护所产生的有价值的商业租。Rumelt（1984）研究了企业持续竞争优势的源泉，提出企业无法仿效的资源起因于“隔离机制”。Rivette & Kline（2000）认为专利在保护企业市场优势方面为企业带来了最强有力的利益。当专利作为隔离机制功能被使用时，企业倾向于将这些专利建立起较强的专利组合，如创造“专利丛林”，使竞争对手难以进行回避设计。作为隔离机制的这些专利的主要功能是防止模仿和阻止竞争者进入相关领域。企业作为隔离功能使用的专利一般都具有较高价值，并且通过拥有该专利能够维持自身的市场优势。因此，对于这些专利企业一般都不会许可给其他企业使用，而是由企业自己实施。对于那些不能保护企业核心贸易优势的专利或不能为企业带来经济租（economic rent）的专利，企业则倾向于把这些专利进行许可，从而产生许可收入。所以，从本质上来看，当企业认为某个专利在防止模仿方面提供保护的价值大于把这些专利许可出去而产生的许可收入的价值时，就会把该专利作为隔离机制的功能进行使用。

（二）许可收入理论（Harvesting Licensing Revenue）

不具有战略隔离功能的专利由于不能为企业带来独特的竞争优势，企业就会考虑把这些专利进行许可。是否对专利进行许可，一方面要考虑该专利保护所能够产生的经济租，另一方面还要考虑专利保护的有效性问题。在以下几种情况，企业可以把专利进行许可获得许可收入，而不必作为隔离机制使用：（1）如果能够通过从其他企业获得许可的方式获得该竞争性技术，该专利作为战略隔离的功能可能就并不是十分有效，因此可以考虑对其进行许可（Arora & Fosfuri，1998）；（2）如果在复杂技术背景下，企业所拥有的专利技术有可能形成一种技术标准时，就有必要通过专利的对外许可来扩大技术的使用范围（Teece，1986）；（3）专利权人虽然获得了专利，但如果缺乏相关市场或资金，则可以考虑把该专利技术进行许可，以便进行商业化，从而实现该专利的价值。作为许可战略使用的专利，企业的主要目标就是要实现许可收入的最大化。

（三）战略防御理论（Defensive Strategies）

专利作为隔离机制和许可战略使用，其目的主要是针对竞争对手。而战略防御理论则是面对竞争对手的专利战略时，自身应该采取的专利策略。企业采取有效的专利防御战略的主要目的是为了确保创新和行动的自由。防御性专利策略在复杂性技术背景下更为普遍，因为在复杂性技术领域里，专利保护的补充技术往往由多个不同的专利权利人所持有，容易导致“专利丛林”的问题（Shapiro，2001；Bessen，2003；Bekkers 等，2002）。因此，防御性专利策略在具有累积型技术特点的电子及半导体行业的应用更为普遍，因为该技术领域存在相互牵制（mutual hold-up）的情况，企业往往申请大量防御性的专利以便与竞争企业进行交叉许可（Grindley & Teece，1997）。企业采用防御性战略的目的就是为了提高自己在谈判中的筹码，防止竞争对手使用专利作为隔离机制收取过高的专利许可使用费。

二、专利战略模式

Granstrand 是较早对专利战略进行比较系统研究的学者。通过对日本和瑞典企业专利战略运用的实证研究，他从专利战略和技术战略的关系出发，提出了专利战略、应对专利战略的策略以及诉讼战略等专利战略运用模式。企业常用的专利战略包括专利

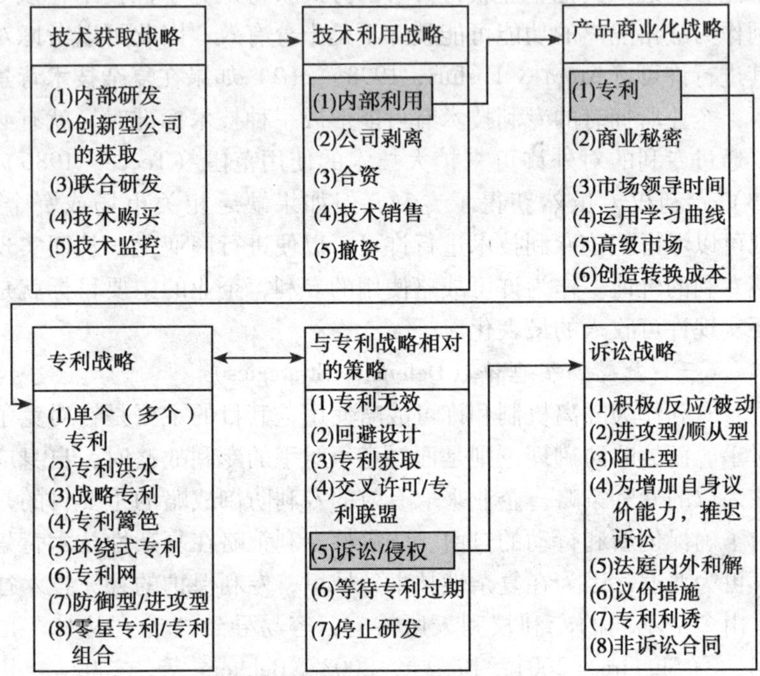

图 2-4　技术战略与专利战略

资料来源：根据 Granstrand（1999）整理。

洪水、专利篱笆、专利网、进攻型专利、防御型专利、专利组合等。对抗这些专利战略的策略包括专利无效战略、回避设计战略、交叉许可战略、等待专利过期战略等。专利诉讼方面的战略包括延迟诉讼、庭外和解等。专利战略的运用是双刃剑，有些策略如果运用不好，不仅不会带来利益，相反还会造成不必要的损害，如推迟诉讼和专利利诱等专利策略（Granstrand，1999）。专利战略与技术战略的关系及具体的诉讼策略如图 2-4 所示。

一般来说，企业常用的专利战略主要分为防御性战略和进攻性战略（Thumm，2000）。进攻性专利战略专门用于阻碍竞争者，可能会造成技术扩散，减缓或引起社会公共福利的损失。❶ 相比较而言，防御性专利战略更符合专利的基本原理和目标，如刺激研发和技术扩散等。Soininen（2005）在前两种专利战略模式的基础上进一步提出了无专利战略（no patent strategy）等战略模式。❷ Knight（2001）研究了专门针对研发人员以及研发管理人员的专利战略问题。他提出专利战略包括产品线的专利战略、技术领域的专利战略和单个发明的专利战略。此外，他还根据军事战略的基本原则提出了专利战略模型，包括专利覆盖内容、获取知识产权方法、识别竞争优势、如何决策、集中兵力、应对竞争专利、持续更新等。日本学者 Hasegawa 等（2001）提出根据市场环境和技术特征，不同行业应该采取不同的专利战略。其模型框架如表 2－1 所示。

从表 2－1 可以看出，产品的生命周期和技术自给自足量决定了专利战略的模式。其中排除战略是指企业通过专利组合来保护技术，而许可战略则主要指作为许可方和作为被许可方时，分别应采取的专利战略。不同企业可根据自己所处位置采用不同的战略。

表 2－1 专利战略分类

专利战略的决定因素		专利战略模式
产品生命周期	技术自给自足量	
长	高	排除战略
长	低	许可战略
短	高	排除战略为主，许可战略为补充
短	低	许可战略

资料来源：根据 Hasegawa（2001）整理。

---

❶ 有经济学者表达了企业专利战略的使用对于技术创新的经济影响，见 Macdonald，S. When means become ends：considering the impact of patent strategy on innovation- Information Economics and Policy，2004，16，1：pp. 135－158.

❷ Soininen 认为“无专利战略”包括：企业并不申请专利，而是把发明技术公开而成为现有技术；以其他形式保护发明技术；减少侵犯其他专利权的风险等。

Somaya（2001）认为专利战略主要涉及专利获取、专利许可和专利诉讼等3个套嵌选择而又相互联系的领域，并根据专利的战略使用功能提出了排除战略、杠杆战略及防御战略等3种专利战略模式（见表2-2）。在这3种专利战略模式中，排除战略的战略重要性和获利潜力均较高，防御性战略的战略重要性较高，而获利潜力则较低，而杠杆战略在战略重要性和获利潜力方面则与防御性战略相反（见表2-3）。

表2-2　企业专利组合视角的专利战略模式

专利战略模式	目标	专利获取	专利许可	专利实施
排除战略	发展和保持更强的专利所有权地位	专利申请/获得严格保护	许可机会不多，寻求对自身更有利的许可条款	进攻性地实施
杠杆战略	把专利权作为企业间专利交易时获得更佳条件的筹码	在竞争者的核心技术领域申请专利	积极寻求进行许可	作为引诱许可的手段
防御战略	防止其他专利权利人阻碍自己的贸易	专利竞赛，使用异议制度	交叉许可，部分技术需要获得许可	诉讼对抗，专利无效

资料来源：根据Somaya & Teece（2001）整理。

表2-3　各种专利战略的获利潜力和战略重要性

	获利潜力：低	获利潜力：高
战略重要性：高	防御战略	排除战略
战略重要性：低	收割战略*	杠杆战略

资料来源：根据Somaya & Teece（2001）整理。

*收割战略是指企业为了控制成本和提高现金流量而减少在某一特定部门或方向上的投资。收割战略是产业面对衰退阶段公司实施的有计划、有控制的退出战略。

三、基于行业层面的专利战略研究

由于专利行为和专利战略在很大程度上会受到行业特征的影响，因此更多的学者是从行业角度来研究企业专利战略问题的。

Ernst（1995）通过对德国机械工程行业 50 家企业的专利行为进行分析，识别了 4 种不同类型的企业专利战略行为。Arora（1997）以化学行业为研究对象，认为化学行业已经把技术许可作为从创新中产生收入的重要工具。有学者研究发现，在技术快速变化的行业，企业会申请许多防御性的专利，并且企业间常互相主张权利（Hall & Ziedonis, 2001）。Grindley & Teece（1997）通过对美国半导体和电子部门企业案例研究显示，在半导体和电子行业，专利许可和交叉许可已经成为企业普遍使用的专利战略。Hall（2000）研究了 20 世纪 80 年代美国法律环境变迁对半导体企业的专利行为的影响。Thumm（2001，2004）研究了欧洲生物技术企业如何管理其技术发明和利用专利的问题，研究发现，专利在激励欧洲生物技术企业促进研发投入方面起着非常重要的作用。Bekkers 等（2002）以信息和通讯技术行业 11 个最大的 GSM 移动通信供应商为研究对象，研究了知识产权在塑造全球移动通信行业中所起的作用。Harhoff & Hall（2002）通过分析欧盟化妆品行业的专利诉讼行为，研究了该行业的专利战略问题。Harhoff 和 Reitzig（2004）通过对 1978～1996 年欧洲生物和制药行业部门研究，认为专利异议的可能性增加了专利的价值，在专利活动更强和拥有更高技术或市场不确定性的领域，异议行为也更为频繁。从行业角度研究企业专利战略问题的文献具体如表 2－4 所示。

表 2-4　从行业角度研究专利战略的相关文献

行业	代表作者	研究范围	研究主题	主要结论
机械生产行业	Ernst (1998b)	21 个德国、欧洲和日本机械工程公司	虽然关于竞争者研发战略的专利信息非常重要，但在战略研发计划中，却很少使用该信息	(1) 通过技术方面的专利组合识别核心竞争力；(2) 在战略决策中，专利组合是非常有价值的分析工具
	Lowe & Taylor (1998)	128 个英国生产公司	在新产品和方法发展中，内部技术许可和研发作为替代性和补充性战略的作用	(1) 许可和内部研发是补充战略而不是可选择的战略；(2) 追求产品多样化的公司更倾向于许可
	Ernst (2001)	1984~1992 年 50 个德国机械生产商	专利申请和随后公司决策执行变化之间的关系	(1) 与国家专利申请相比，欧盟专利申请对销售有更大的影响；(2) 专利战略分析可以得出未来的竞争趋势
	Cohen, Goto, Nagat, Nelson & Walsh (2002)	826 个美国生产公司与 593 个日本生产公司	美国和日本公司对于其技术创新回收投资的比较；在两个国家中，企业如何保护其技术创新成果	(1) 专利的战略使用在日本比在美国更普遍；(2) 不同的专利政策对于专利信息流有很大的影响
电子和半导体行业	Grindley &Teece (1997)	4 个美国半导体和电子部门企业案例研究	许可和交叉许可实践以及对于创新管理的影响	(1) 在半导体和电子行业的许可和交叉许可已经成为普遍使用的战略；(2) 运用知识产权保护核心贸易；(3) 构建有价值专利组合的重要性
	Ernst (1998a)	1900~1994 年 25 个欧洲和日本电子公司的研究	企业研发支出与专利产出之间的关系	(1) 研发支出越高，专利的质量也越高；(2) 日本公司在研发支出方面的比重很大，所获得的专利质量也更高
	Yoon, Yoon & Park (2002)	1992~1997 年 193 个动态随机存取 (DRAM) 专利的研究	在专利数据库信息利用中，专利地图和数据挖掘工具的利用	(1) 在掌控技术发展和管理知识产权中，专利地图起着重要的作用；(2) 专利引证表明了知识的溢出

续表

行业	代表作者	研究范围	研究主题	主要结论
信息和通信技术行业	Bekkers, Duysters & Verspagen (2002)	11 个最大的 GMS 移动终端、移动电信供应商	在塑造 GSM 行业过程中知识产权所起的作用	(1) 很强的网络定位的出现与核心知识产权的拥有结果相一致;(2) 4 个主要网络通信竞争者中的 3 个都是建立在拥有核心知识产权的基础之上
	Somaya (2003)	1983～1993 年间美国联邦地区法院与计算机行业有关的专利诉讼	研究不选择和解的原因	专利诉讼中不和解的两个主要原因:(1) 专利诉讼中的战略考量;(2) 由于专利权的相互阻碍而组合的多个发明
生物、制药和化学行业	Arora (1997)	在化学行业专利和技术许可的相关性	19 世纪化学公司的专利和许可行为	化学行业已经把技术许可作为从创新中产生收入的重要工具
	Thumm (2001)	103 个欧洲生物公司	欧洲生物企业如何管理发明成果和利用专利保护	专利在欧洲生物技术研发中起着非常重要的激励作用
	Harhoff &Reitzig (2004)	1978～1996 年生物和制药行业部门	EPO 授权的生物和制药专利异议的决定因素分析	(1) 异议的概率增加了专利的价值;(2) 在专利活动更强和拥有更高技术或市场不确定性的领域,异议也更频繁
服务行业	FhG (2003)	对欧盟 10 个不同成员国 65 个服务企业的调查	关于服务行业专利价值的研究	通过专利来保护服务可能引起专利范围和专利实施两个方面的问题
	Miles et al. (2000)	三个知识密集型贸易服务部门调查:会计、建筑和环境工程	分析在知识密集型贸易服务部门的知识产权管理	与其他保护工具相比,专利在保护服务创新方面所起的作用还不是特别明显
	Martin A. Bader (2007)	服务行业的知识产权管理	金融行业知识产权管理	提出了金融服务行业部门通过知识产权保护服务创新的影响因素模型

资料来源:根据 Bader (2006) 整理。

国内对于专利战略的研究起步较晚。目前我国学者从区域（或国家）层次上探讨专利战略的较多。对企业专利战略的研究主要集中在企业专利战略的重要性、专利战略实施的策略以及行业专利战略等几个方面。戚昌文、邵洋（1995）在《市场竞争与专利战略》一书中认为专利战略是“从本单位的发展出发、运用专利这一武器，在技术竞争和市场竞争中谋求最佳经济效益，并能保持自己技术优势的谋略”。冯晓青（2005）认为专利战略是“为获得与保持市场竞争优势，运用专利制度提供的专利保护手段和专利信息，谋求获得最佳经济效益的总体性谋划”。此外，也有学者从技术创新的角度研究了专利战略问题。冯晓青（2005）从宏观方面阐明了企业技术创新与专利战略的关系，分析了企业专利技术研究开发的战略定位以及在企业专利技术研究开发中对专利战略的具体应用。刘林青、谭力文等（2005）研究了专利丛林和专利组合的问题。岳贤平等（2007）研究了企业的专利许可行为。任声策、宣国良（2006）从专利诉讼的角度研究了企业的战略行为。也有学者研究专利联盟中的企业专利战略问题（李玉剑、宣国良，2004；刘林青等，2006）。从行业角度研究企业专利战略问题也是我国专利战略研究领域的重点和热点（张玉蓉、余翔，2006；余翔、张玉蓉，2008；杨雨等，2006）。

第三节 商业方法专利理论

专利是法律授予发明创造的一项独占权。它既可以是一项产品，也可以是一种生产方法，还可以是解决某个问题的技术方案。专利制度可以认为是发明人和政府之间的一种协议。专利制度明确发明所有者与其创新成果之间的所属关系，使他们能够通过行使该权利来实现预期的收益，弥补发明过程中的研发成本，为持续发明活动准备资金和提供动力，从而促进技术创新的持续增长。

国际上对于专利制度的合理性一直存在着争论。但不管是专利制度的支持者还是反对者，都有一个共同的看法，即专利制度规则应该从整体上有利于整个社会。在这一点上，经济学家一般称为“社会福利”，而法律学家则称为“公共利益”。在人们对于专利制度本身还存在争议时，由于互联网的发展而产生的软件专利和商业方法专利再度增加了人们对于这些新客体的讨论。传统的商业方法由于其属于抽象的智力活动成果，一直被排除在可专利性物质主题之外。然而，随着计算机技术，尤其是互联网技术和电子商务活动的发展，传统的商业方法与计算机软件和硬件技术结合起来加以运用，使得商业方法专利化的法律障碍逐渐降低。

一、关于商业方法专利质量问题

商业方法专利的争论主要是由于商业方法专利质量问题而引起。自从 State Street Bank 案以后，USTPO 授权了大量低质量和看似无效的专利。Hall 等（2003）认为如果对相关发明所授予的专利没有满足可专利性标准和充分公开的要求，低质量的专利就会产生。美国国家研究委员会（National Research Council，2004）对低质量专利问题进行了详细讨论，其主要观点之一是：商业方法专利缺乏新颖性和非显而易见性。Dreyfuss（2000）认为大量的商业方法专利在申请之前就已经为公众所公知。绝大多数被引证的专利也由于不具备新颖性和创造性而在诉讼中被无效掉。Bagley（2001）和 Lunney（2001）对于商业方法专利质量问题提出了进一步的怀疑，指出在审查计算机所实施的商业方法发明时，已经存在的商业方法并没有被充分考虑。这个缺陷就产生了使众所周知的商业模式仅仅通过计算机来实施就可获得专利保护的现象。Fine（2001）认为 USPTO 授权的低质量商业方法专利并不能说明通常意义上的商业方法专利就是不好的专利。事实上，大多数低质量商业方法专利本来应该以缺乏非显而易见性和新颖性的理由被拒绝，而不应该以可专利性物质主题的例外而排除。大量低质量或看似无效的商业方法专利的存在，是由于商业方法专利只是在近 10 年才得到 USPTO 的承认，由于缺乏与权利要求进行比较的现有专利数据库，因此证明商业方法专利申请的创造性非常困难。同时，由于网络商业方法是一个新的技术领域，现有审查员由于相关知识和经验的欠缺，也会导致审查质量的下降。因此，并不是商业方法专利本身存在质量问题，而仅仅是因为需要时间以及审查员的努力来提高这些商业方法专利的质量（Fine，2001）。Allison 和 Tiller（2003）、Hunter（2003）从实证的角度研究了商业方法专利问题，认为商业方法专利与其他专利相比，并不是具有更低的质量和更低的价值。

二、关于商业方法专利审查程序问题

一般认为专利局对于不适当的审查程序负有责任。Merges（1999）、Kuester 和 Thompson（2001）说明了专利数据库现有技术检索的问题。Hart 等（2000）和 Hunt（2001）认为专利局在非专利文献方面对于现有技术的检索并没有提供适当的数据库，由于专利局有限的资源，专利审查员几乎不能识别现有技术文献。Kopelman（2006）解释了确认相关商业方法专利现有技术文献的困难。此外，USPTO 本身也还没有准备好如何来处理大量的商业方法专利申请。例如，由于专利审查员缺乏处理商业方法专利申请的经验，因此更容易忽略无效专利的根据和理由（Quinn，2002）。因此，并不是商业方法专利本身就是有缺陷的，而仅仅是因为需要时间和努力，例如逐渐完善现有专利数据库，USPTO 增加相关专业审查人员等措施来逐步提高（Dreyfuss，2000）。

三、关于商业方法专利对社会福利的影响

低质量的专利由于许可和诉讼成本增加可能对社会福利产生消极影响，Heller 和 Eisenberg（1998）认为被不同权利人持有的大量权利重叠的专利增加了许可交易的成本，广泛而不确定的权利要求增加了潜在侵权者的数量，由此增加了诉讼成本。Hall 等（2003）对于专利诉讼和低质量专利的后果给社会福利带来的影响进行了更为详尽的分析。Meurer（2002）、Hall 等（2003）认为，低质量的专利也可能减缓累积性技术发明和技术扩散。他们认为如果前一个技术专利权利要求广泛而不确定，那么以该技术为基础的后一个累积性发明将会受到影响。而且更多的专利权保护将导致财产权的分离，这些分离就会增加进入新技术的交易成本，造成“反公地悲剧”（tragedy of the anticommons）[1]。Granstrand（1999）认为，对于一个希望刺激技术创新产生和扩散的社会来说，专利制度是一种有效的方式。有限的专利垄断可以从 3 个方面产生刺激作用：（1）对于单个的发明人和企业来说，增加的研发支出可能导致更多的利润返还（在受保护的产品或方法能够获得垄断租的条件下），从而刺激企业的创新动力；（2）在通过授权明确财产权的情况下，创新技术能够在市场上进行买卖，因此促进了技术扩散；（3）专利申请要求充分公开其技术，增加了公众可以直接利用的专利技术信息。由于专利制度所具有的这种功能，如果单单把商业方法专利排除在法律保护之外是不公平的。因为与计算机软件有关的商业方法专利与传统纯粹的智力活动的规则不同，现代意义上的商业方法专利在经济方面同样起着激励作用。授予商业方法专利权可以鼓励那些还没有充分利用商业方法的重要经济部门进行创新。已有的研究并没有实证证明，授予商业方

[1] “反公地悲剧”是指由于权利的相互交叉和重叠，人们未能充分利用有限的稀缺资源。

法专利权所带来的社会成本超出了所取得的利润而阻碍了经济发展。关于美国和欧盟商业方法专利各种的研究设法找出商业方法专利在专利特性方面，如专利质量、范围和价值等与普通专利相比是否有不同之处（Allison & Tiller, 2003；Wagner, 2004）。但从统计学的观点来看，这些实证研究并未找到商业方法专利与一般专利不同的明确证明。因此，商业方法专利与其他专利并没有不同，其专利性不应该被排除。[1] 此外，专利制度的本质就是鼓励创新和新发明的公开，从而促进科技发展。如果没有专利垄断权，将很难阻止竞争者“搭便车”的行为，发明人不能收回其投入的研发成本，将挫败其继续进行发明创造的积极性。当然，与其他专利保护的必要性非常明显的行业（如制药行业）相比，新商业方法作为鼓励创新和公开发明的必要性似乎更小一些。然而，如果考虑网络贸易行业的特殊背景，商业方法专利的重要性会更加突出。Fine（2001）认为对于网络公司来说，商业方法专利特别重要，因为对于许多网络公司来说，商业方法就是一种贸易。由于许多网络公司仅仅为消费者进入其他企业产品和服务提供一种方便的进入方式，正是这种贸易技术实现了这种接触的功能。如果这些企业不能对其商业方法申请专利，企业的这种创新动力将会受到阻碍。

四、关于商业方法专利制度的国际比较

Arlington（2003）研究了日本商业方法发明的可专利性问题，并将其与美国和欧盟商业方法专利制度进行了比较研究。Conley（2003）在对美国、日本和欧盟的商业方法专利制度进行比较研究后认为，尽管在理论上，这些国家的专利制度存在不

[1] Michal, L., Michael, S. & Michael, M. The first mover monopoly – A study on patenting business methods in Europe, Olswang and Oxford Intellectual Property Research Centre, Oxford University. Working Paper. http://www.oiprc.ox.ac.uk/EJWP0500.pdf.

同，但在实践方面并没有造成意义深远的影响。同时，他认为，一个国家是否或何时给予商业方法专利保护，更多考虑的是经济方面的影响，而不是法律方面的影响。此外，对美国、欧盟和日本等商业方法专利法律制度进行比较研究的学者还有 Wiese（2000）、Biddinger（2001）、Petersson（2002）、Fink（2004）、Kalpakidou（2005）等。

五、关于商业方法专利的战略运用

Mykytyn K. 等（2002）撰文呼吁学者们需要加强信息技术领域与计算机软件有关的专利对形成企业竞争优势的战略作用的研究。Martin（2002）通过对信息技术领域商业方法专利的实证研究，认为软件商业方法专利是信息技术企业获得持续竞争优势的重要来源。Soininen（2005）则认为商业方法专利战略受学术、政治、法律和贸易发展 4 个因素的影响，在比较分析了美国和欧盟商业方法专利法律保护制度的基础上，以信息和通信技术行业为例，研究了该行业对于商业方法专利的战略运用问题。Kretschmer 和 Soetendorp（2001）以单个商业方法专利诉讼案例为研究对象，分析了商业方法专利权利人在专利诉讼中对于商业方法专利的战略运用问题。由于网络商业方法专利与其他行业的专利相比，其保护边界更模糊、更难界定，因此需要特别重视商业方法专利的战略运用问题（Rivette 和 Kline，2000）。

六、金融业商业方法专利研究

（一）对金融专利申请行为的研究

哈佛大学 Lerner 教授（2002）从实证的角度研究了美国 1971～2002 年的金融专利问题。研究发现，从 1998 年 CAFC 通过 State Street Bank 案确认了商业方法专利的有效性以后，美国金融专利数量大幅上升。同时通过对申请人的分析发现，在金融专利申请人中，学术界和大学申请的金融专利非常少，这一点与和学术领域同样有密切联系的生物技术领域不同，并认为主要原因在于学术界和大学内部人员缺乏申请金融专利的意识和兴趣，而并不是学术研究的不可专利性。

（二）对金融机构竞争行为的影响

美国专利制度对于金融创新的态度已经发生了很大的转变，这些转变如何影响金融企业的专利申请行为及专利使用行为？Lerner（2003）在“金融专利的竞争性启示”一文中研究了美国专利制度变化对金融业竞争环境的影响。通过对美国1971～2000年间授予的605件金融专利进行研究认为：（1）对金融产品所提供的日益增加的保护与美国专利保护的整体趋势是一致的，因此对金融专利的质量问题也更加担心；（2）在许多行业专利保护的加强已经导致了各种战略反应，金融服务行业同样也会受到影响；（3）美国金融专利授权数量日益增加，大多数是授予给了美国金融机构，且分配很不均衡；（4）通过采访金融机构的专利律师和金融创新人员来研究新的专利制度对金融竞争环境的影响。Glazier（2000）认为，金融行业一直以来并没有涉及与专利有关的问题，但现在对于金融行业来说，运用专利战略来保护竞争优势对于发展金融企业市场份额和提高新产品现金流是至关重要的。

（三）金融专利诉讼行为分析

Lerner（2006）研究显示金融机构正日益受到专利诉讼的困扰，通过对美国1976～2005年间的金融专利诉讼研究发现：（1）金融专利遭受专利诉讼的可能性是非金融专利的27倍之多；（2）发起金融专利诉讼的大多数是个人权利人。在金融专利诉讼案件里，多数原告是那些持有可疑专利质量的小公司和个人，而被告往往是大的金融机构和金融交易所。这些个人和小公司正是利用专利制度的不完善来获利，并引起了严重的经济后果。Bills（2005）研究认为由于金融机构正在使用更先进的技术、有充足的资金来源、对专利和与专利有关的诉讼问题没有经验、并且往往不愿意冒风险，这些因素导致了金融行业日益成为非金融机构的重点攻击目标。美国学者 Signore（2004）认为金融机构已经在纷纷通过构建专利组合来维持自己的竞争优势。Birnbaum（2006）研究发现金融机构通常在被诉专利侵权之前，一般不会主动去挑战其他企业所拥有的商业方法专利的有效性问题。

（四）商业方法专利保护对金融创新的影响研究

Lerner（2005）从实证角度研究了美国金融创新的动力来源问题。通过运用华尔街期刊的文章作为显示指标，研究了在1990～2002 年间，哪些金融机构是主要的创新者。研究发现：（1）规模更小的公司占据了创新的很大份额；（2）获利更少的公司创新更多，但是其在随后引入创新以后，利润会大量增加；（3）成立时间较长的公司创新更多。Merges（2003）认为，在金融服务行业，专利对技术创新不会带来长期的损害，相反，还会带来利益。Hall（2003）研究了美国商业方法专利保护对创新政策的影响。主要有两个方面：允许商业方法专利将导致更多的专利申请；低质量专利活动的日益增加导致了诉讼和交易成本的增加，并对这些问题提出了相应的政策建议。

国内对于商业方法专利的研究主要集中在商业方法可专利性问题、对于商业方法创造性标准的判断以及商业方法专利侵权问题3 个方面。张铭（2006）介绍了商业方法专利在欧洲的保护情况。朱玲娣、邢锦晖（2006）对中外商业方法专利保护制度与实践进行了探索研究。分析了美、日、欧商业方法专利的保护状况、特点和贡献，对我国商业方法专利保护的现状及存在的问题进行了剖析，并对我国在商业方法专利保护方面所面临的挑战提出了应对策略。张平（2003）对美、日、欧三方专利局对商业方法软件专利保护的创造性审查标准进行了比较分析。郭斯伦（2006）研究了商业方法专利的创造性判断标准问题。从理论上对电子商务商业方法专利的创造性判断标准进行了阐述，结合具体国情，认为我国应当明确以“非显而易见性”即“突出的实质性特点"为标准，从发明方案的整体去判断，而不必苛求其中的计算机信息网络技术具有过高的创新性。高山行、贺小雨、胡海平（2006）结合商业方法专利法律特征及一般专利侵权判定原则，对商业方法专利的侵权判定问题进行了有针对性的研究。商业方法专利的侵权判定仍应遵循一般的专利侵权判定原则，但在具体的运用过程中应当针对商业方法专利的特征进行相应的调整。

我国对于金融专利的重视和研究开始于2002年。当时在南方一份报纸中《花旗银行暗布专利，中资银行何时梦醒》一文报道了从1996～2002年，花旗银行共向我国专利局申请了19项金融产品的"商业方法"类发明专利申请，一时在金融界和学术界引起了广泛讨论。相关研究如：戴志敏、陈立毅（2003）研究了美国金融领域商业方法专利问题；夏志华（2004）探讨了金融专利与金融创新的关系，借鉴美国金融专利发展的状况及原因，得出对我国金融专利与金融创新发展的启示和建议。倪颂军（2005）分析了西方国家和我国商业银行专利保护的现状和问题。章景（2005）通过专利信息分析，针对国内外金融产品专利的现状和差距，提出了相关对策。雍海英等（2006）对我国银行商业方法专利战略现状进行了分析，认为中资银行应当构建与外资银行相抗衡的商业方法专利战略，变被动为主动，增强企业国际竞争力。

总体看来，国内对于商业方法专利问题的研究主要还停留在对国外法律和实践的介绍方面，偏向于从法学角度研究商业方法可专利性问题。相关研究几乎还没有涉及商业方法专利法律制度对企业战略行为的影响。此外，已有研究偏重于宏观性的描述，缺乏案例、数据及实证等方面的系统和深入的分析。

第四节 对前述研究的述评

关于企业专利战略宏观方面以及行业角度方面的研究尽管取得了一定的进展，但到目前为止还几乎没有专门针对金融企业专利战略行为的研究。已有关于专利战略宏观方面的研究结果可以用来指导每个具体行业专利战略行为的研究；而关于其他行业企业专利战略研究的一些研究方法也可以用来指导我们对于具体行业的研究，同时，相关行业的研究结果也对我们研究其他行业有可以利用的比较和借鉴作用。目前有关金融专利的研究，一方面大多数并没有从企业战略的角度来考虑；另一方面，有限的关于金融专利战略方面的研究在理论和实证研究方面都还处于非常初步的阶段，需要在以下一些方面深入研究。

一、对于金融企业专利策略运用的整体考察

已有研究表明，企业专利行为和专利策略会受到多种因素的影响，如法律制度、行业结构以及企业规模等。与其他行业相比，由于金融企业的专利行为密切联系着商业方法专利的保护问题，而商业方法专利在国际上一直存在较大的争议，同时各个国家对于商业方法专利的立法和实践也存在很大差异，因此，这在很大程度上影响了金融企业的专利行为和专利战略。此外，在商业方法专利出现之前，金融行业并没有专利保护，目前无论是理论界还是实务界，对于这种新型的金融产品专利保护机制及其所具有的价值都还处于比较模糊的认识阶段。商业方法专利近 10 年才得到认可，并且密切联系着网络和电子商务。所以，在分析金融企业专利策略运用时，我们有必要首先从理论和整体方面来考虑金融企业的专利策略运用问题。

二、不同国家商业方法专利法律制度对金融企业专利行为的影响研究

与研究其他行业企业专利战略不同，由于金融业专利战略的运用密切联系着商业方法，不同国家的商业方法专利法律制度对金融企业的专利行为产生很大影响。通过对不同国家商业方法专利法律制度及其对企业专利行为影响的比较研究，可以更深入地分析法律制度对于企业专利行为的影响问题。

三、金融商业方法专利的竞争态势分析

如果要研究企业的专利行为，我们应该首先分析相关行业的专利组合及竞争态势。利用专利信息分析进行专利监控是研究企业专利战略的基础。然而，目前有限的涉及金融商业方法专利战略的研究，都是偏重于宏观方面的论述，缺乏深入的实证分析和数据支持，因此已有文献难以深入。

四、金融企业专利获取行为动机分析

在金融行业很多企业还对商业方法专利存在疑惑时，我们有必要分析那些积极申请商业方法专利的企业，其获取商业方法专利的动机是什么？对于这一问题的深入分析，可以使我们更加清楚商业方法专利对于金融企业的战略价值。

五、金融企业专利诉讼行为的影响因素分析

近年来企业对于专利的战略运用能力逐渐提高，专利诉讼也成为很多企业越来越普遍使用的一种专利战略模式。伴随着金融商业方法专利申请和授权数量的日益增长，金融商业方法专利诉讼行为也更加普遍。对于这种新型的商业方法专利，金融行业的专利诉讼会呈现什么新的特点？哪些因素会影响金融企业的专利诉讼行为？对此问题的深入研究，可以发掘金融企业对于商业方法专利的战略实施方式，是该领域企业战略行为的一个重要研究方向。

第三章 金融业专利策略运用的一般框架

在研究专利对于金融创新产品保护之前，我们有必要首先回顾一下在商业方法专利出现之前，金融创新产品的“独占性”环境；然后分析金融商业方法专利的价值。在此基础上，从理论方面提出适合金融企业专利策略运用的分析框架模型。

第一节 传统金融创新产品的“独占性”机制

在现代市场经济中，金融活动已经成为整个经济活动的基础和核心，在一国经济发展中处于举足轻重的地位。金融创新已成为经济发展的重要因素和先导力量。在过去的几十年里，由于金融创新产品很难获得专利保护，专利在金融行业以及金融企业创新中的作用非常有限。传统上，金融创新非专利的“独占性”（appropriability）机制主要包括两种：“首先移动者优势”和商业秘密保护。

一、时间领先或“首先移动者优势”(First Mover Advantage)

在一系列有关金融创新的研究中，Tufano 教授对金融创新的过程进行了实证研究。Tufano（1989）对 1974 ~ 1986 年间的 58 项金融创新产品进行了研究。这些创新产品包括抵押贷款证券、资产抵押证券、非股票连结债券、股票连结债券、优先股及股权等。这些金融创新产品几乎被几个最大的投资银行所独占，其中 6 家投资银行所占的这些金融创新产品的交易份额超过 75%。由于大银行在金融创新交易中占据支配地位，因此使得整个金融创新实质上成为大的竞争者之间的一种相互博弈。Tufano 关于大公司在金融创新中占支配地位的发现进一步被 Frame & White (2002) 所证实。例如，实证研究发现相对较大的金融服务提供商都是重要的金融创新者。Merrill Lynch 是“现金管理账户”的开发者；Salomon Brothers 是分割国库券的领先发展商；最大的商业银行是流动账户、ATM 和为客户提供网络交易的发展商。

Tufano（1989）研究了金融创新者的“独占性”战略。他发现创新实际上是有成本的，据估计：发展一个新的金融创新产品需要投入 5 万～500 万美元。这些投资包括：（1）支付给法律、会计及税收等的咨询建议费用；（2）培训发布商、投资者和交易者的时间花费；（3）运用计算机系统进行交易的投入；（4）支持市场作价的资本、人员承诺和相关义务等。Tufano 发现这些投资银行是通过在金融创新产品市场上减少成本来收回这些创新投入的。由于创新产品的研发者比模仿的竞争者拥有更低的成本，因此就会获得比模仿者更大的市场份额。这种市场份额反过来又可以促使该创新者在相关的二级市场上获得更高的利润。Tufano 的实证研究发现金融产品创新与投资银行的市场份额具有很强的相关性。在没有专利保护的情况下，金融创新者通过占领更大的市场份额获得比后进入的模仿者更大的竞争优势，即“首先移动者优势”。Herrera & Schroth（2003）在 Tufano 的研究基础之上，通过博弈论模型，从理论上说明在没有专利保护的情况下，金融创新者的利润获取来源问题。

二、商业秘密或隐性知识

在过去 30 年里，金融创新所涉及的主要领域之一是与资产证券化有关的研究。资产证券化是指将缺乏流动性的资产，转换为在金融市场上可以自由买卖的证券，使其具有流动性的行为。它采用在资本市场和货币市场发行证券筹资这种直接融资方式。由于采用专利来保护这些证券化的思想存在困难，所以新证券的开发商普遍都没有对其寻求专利形式的财产权保护，而是通过另外一种“独占性”机制——商业秘密和隐性知识来进行保护（Merges，2003）。隐性知识也被认为是一种“know-how”，具有大量的知识细节，研发人员需要具备相关专业背景知识并且需要做很复杂的工作才能完成。由于隐性知识很难明确说明或者进行记录，所以隐性知识通常也被看做是一种不可识别的信息。Frankel（1998）说明了隐性知识和商业秘密如何为金融创新者提供一个适当的独占性机制。与利用专利制度保护金融创新不同的是，商业秘密在获得保护时不需要公开其内容，同时，商业秘密的保护也没有时间上的限制。只要金融创新的主体能够有效地保证其所掌握的信息具有秘密性，就可以长久地给予其保护。所以在商业方法专利出现之前，商业秘密大量存在于金融创新之中。

第二节　金融商业方法专利的价值

一、专利的价值

进入 21 世纪，随着经济全球化的不断深入，世界范围内经济环境因素发生了巨大变化，引起了全球范围内竞争程度的加剧，企业竞争由此出现了新的变化：从主体上说，由单个企业间的竞争转向跨国企业、企业集团之间的竞争；从性质上说，由有形的竞争转向无形的竞争。专利权是国家授予发明人的一种合法垄断权，对于企业参与市场竞争具有重要的作用。企业可以用自身所拥有的专利权打击竞争对手，也可以在竞争对手对其提出专利侵权诉讼时，将自身拥有的专利权作为防御武器。已有文献普遍认为，在缺乏专利保护的情况下，模仿成本非常低（Tufano，1989）。因此，如果没有专利所提供的临时垄断，发明人（首先移动者）很难收回其研发投入。

当然，并不是所有的发明创造都适合专利保护。企业产出的所有发明创造，一部分使用在创新产品、方法或服务上，这些创新成果部分通过申请专利的形式进行保护，其他创新成果也可以通过商业秘密、商标等知识产权进行保护。发明创造、创新产品和专利三者之间的逻辑关系可以用图 3－1 来表示（Basberg, 1987）。

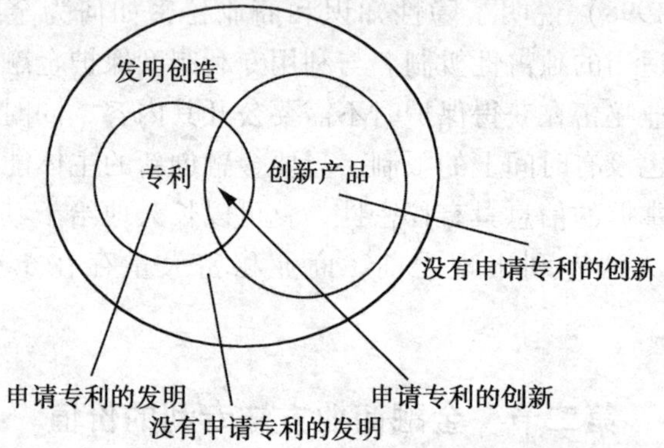

图 3－1　发明创造、创新产品和专利三者之间逻辑关系图

资料来源：根据 Basberg（1987）整理。

由于各种知识产权保护形式所具有的特性，因此以专利来保护创新成果与通过其他形式进行保护具有明显差异。商业秘密、商标等知识产权，可以无期限拥有该权利，[1] 且随着时间的推移，该知识产权的价值逐渐提高。而专利权是国家授予专利权人一定期限的独占垄断权，一般是 10 年或 20 年，专利一旦到期，就成为社会的公共财富。从专利保护期限来看，专利在授权时价值最大，而随着专利到期日的逐渐临近，其价值随之降低。专利与其他知识产权在价值方面随时间变化的不同趋势，如图 3－2 所示。

---

[1] 商标权虽然规定专有权是 10 年，但在到期之前可以无期限续展，从这个意义上来说，实际上也是没有限期的。

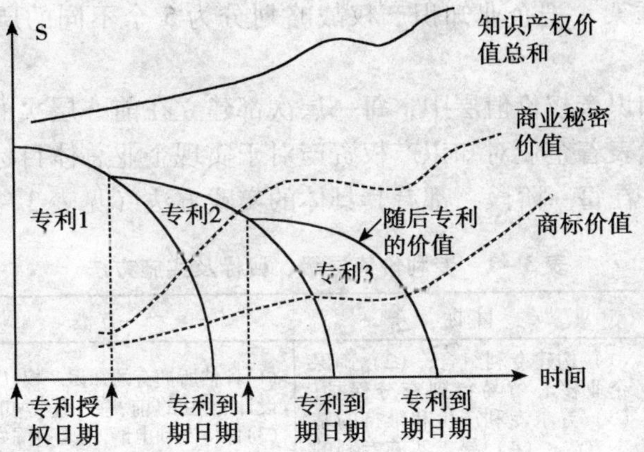

图 3-2　知识产权组合的总价值

资料来源：根据 Granstrand（1999）整理。

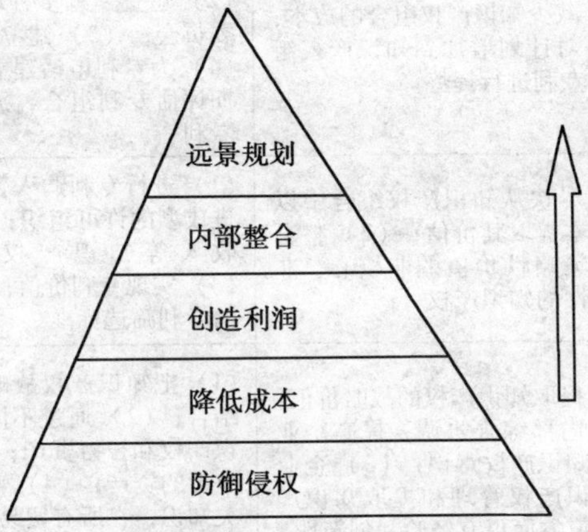

图 3-3　知识产权价值层

料来源：根据 Davis & Harrison（2001）整理。

专利的价值除了受其存续时间的影响以外，还与企业发展所处的阶段密切相关。在企业不同发展阶段，专利对于企业也具有不同的价值。企业应该明确如何在发展的不同阶段使知识产权价值最大化。Davis & Harrison（2001）提出了知识产权的价值层框架，把企业知识产权战略划分为5个不同的层次（见图3-3）。

在知识产权价值层中，每一层次都建立在前一层次的基础之上，且代表着企业对知识产权资产对于实现企业总体目标的贡献的期望。在每一阶段，都有其具体的实践方法（见表3-1）。

表3-1　专利价值层级、目标及实施方法

专利层级	目标	方法
第一层次：防御侵权	(1)构建专利组合；(2)确保企业核心贸易得到充分保护；(3)寻求专利产生和维持的基本方法；(4)寻求实施专利的基本方法；(5)确保技术人员有进行技术创新的自由	(1)评估所拥有的知识产权；(2)确保在设计自由的前提下获得知识产权；(3)保持专利申请，不要遗漏好的专利；(4)尊重别人的知识产权；(5)有实施专利的意图
第二层次：降低成本	(1)减少知识产权组合的成本；(2)对计划增加到知识产权组合的专利进行提炼	(1)把专利组合和贸易目标相结合；(2)建立具有多种职能的知识产权委员会；(3)建立专利评估机制；(4)为专利申请建立指南；(5)定期评估专利组合，放弃没有价值的专利
第三层次：创造利润	(1)尽快从知识产权组合中以低成本提取其价值；(2)整合具有策略性价值的非核心、非战略性的知识产权	(1)进行专利购入管理；(2)成立进攻型的许可组织；(3)评估许可收入等知识产权产生的贡献；(4)实现专利价值；(5)建立合理的专利筛选标准
第四层次：内部整合	(1)提取知识产权的战略价值；(2)内部综合协调，提高企业整体知识产权意识；(3)企业在知识产权管理和提取知识产权价值方面更有经验和创新性	(1)把知识产权战略与企业战略相结合；(2)通过不同部门来管理知识产权和智力资产；(3)执行有竞争力的资产；(4)普及知识产权相关知识，在所有贸易部门共同实施；(5)整合知识产权战略价值
第五层次：远景规划	(1)为未来确立自己的技术发展方向做准备；(2)鼓励对相关技术进行分离；(3)把智力资产的管理融入企业文化	(1)在企业所属行业建立标准和新的竞争规则；(2)战略性获取专利——创造能够为企业行业发展方向进行定位的专利；(3)智力资本执行测量和报告

资料来源：根据Davis & Harrison（2001）整理。

专利权已经成为企业管理中非常有用的一个工具。专利不再仅仅是留给律师和工程师们的工作，已成为企业高级管理人员在制订企业整体战略规划时所必须考虑的一个重要因素。越来越多的企业已经认识到专利的战略价值并正在学习利用专利作为潜在的竞争武器和获得收入的来源。Granstrand（1999）认为专利一般可以提供以下几种保护手段：（1）保护所拥有的产品和技术；（2）保护所拥有的方法；（3）创造针对竞争者的威慑力；（4）为对外技术许可创造更好的条件；（5）更容易进入与对方进行交叉许可；（6）促进 R&D 合作；（7）在技术标准化设置中，提高企业议价能力；（8）为雇员进行发明创造提供动力；（9）为 R&D 活动提供策略措施；（10）提高企业形象等。Rivette 和 Kline（2000）认为专利是高技术企业所隐藏的核心武器，并提出建立有效专利战略的 3 个关键要素：（1）保护企业核心技术优势；（2）加强产品的差异化特征；（3）控制核心的贸易方法。在企业之间竞争日益激烈的今天，包括专利在内的知识产权能够帮助企业创造持续竞争优势、实现行业结构垂直及水平分化、增强现有优势、提高进入障碍等（Reitzig，2004）。

二、商业方法专利的价值

商业方法专利首先是一种软件专利。从软件研发人员对创新产品申请专利保护的动机来看，与软件有关的专利至少有以下 4 个方面的作用：（1）减少与该创新有关的竞争；（2）作为获得额外许可收入的主要工具；（3）通过发展防御性专利组合，作为未来与竞争对手谈判的筹码；（4）使自己提供给客户的技术合法化（Meyer，1992）。对于一些创新的电子商务网络公司而言，商业方法专利的使用实现了两个方面的功能：（1）通过改进管理方法减少成本，增加产量；（2）商业方法专利通过网络的方式运行，大大减少了企业和消费者之间的交易成本（Maskus & Wong，2001）。

Rivette 和 Kline（2000）用“网络专利战”（internet patent wars）来描述在电子商务背景下网络商业方法专利之间的竞争。作者认为在电子商务环境下，网络商业方法专利可以帮助企业获得有利的战略地位和市场进入机会，同时还可以作为防御竞争者以及获得许可收入的工具。Boscaljon et al.（2006）则通过对商业方法专利的授权与企业市场反应之间相互关系的实证研究发现，商业方法专利授权对于企业股票价值的增值有着积极的正相关影响，商业方法专利可以被看做企业的实物期权，为企业未来扩展相关贸易领域提供选择机会。Eisenmann（2002）比较全面地概括了商业方法专利的作用：（1）通过为用户提供相关技术以创造价值；（2）识别市场细分；（3）明确企业内部创造和分配销售服务的价值链结构；（4）评估提供该服务的成本和利润潜力；（5）在供应商和客户相连的价值链网络下，明确企业定位；（6）形成一种竞争战略，通过该战略，企业可以获得超出竞争者的竞争优势。

专利权为公司所拥有的电子商务相关技术提供保护，确保了一定程度的竞争优势。Martin（2002）的研究证实了商业方法专利对于增强企业竞争优势的重要性。他通过对 48 个拥有商业方法专利的企业的执行能力进行实证分析发现，与没有商业方法专利的企业相比，拥有商业方法专利的企业的竞争优势更能够得以保持。最近学者的研究（Mykytyn，2002；Martin，2006）也进一步证实了商业方法专利的战略使用与企业持续竞争优势的获得有着很大的关系，商业方法专利在近几年越来越有价值，并且易于实施。

电子商务行业已经认识到网络商业方法专利对于企业的重要战略价值。近 10 年来，美国 705 类商业方法专利申请数量和技术复杂性均呈增长趋势。同时，网络商业方法专利国际专利申请的专利家族数量在短期内也迅速增加。这也进一步反映了商业方法专利在网络相关行业的价值呈增长趋势（Chun & Wu，2005）。

三、金融商业方法专利的价值

对于金融企业来说，随着商业方法可专利性逐步得到认可，商业方法专利在金融行业将起到越来越重要的作用。由于金融行业在很大程度上要依赖于信息技术、标准设置对于金融行业的重要性以及金融行业所具有的很强的网络效应等因素，因此专利制度对于金融行业有着重要影响（Hunt，2008）。在商业方法能够获得专利保护以后，金融企业迅速申请专利非常重要。

通过上文分析，我们得知，传统金融创新产品主要是通过“首先移动者优势”和商业秘密来收回其投资创新的利润。但“先动优势”并不是金融行业所独有的，“先动优势”可以运用到各个行业。如果某个企业研发了一种新的创新产品或服务，它自然就有机会最先来利用这种产品或服务并与客户建立持续的联系。同样，企业研发新产品的目的也是为了降低贸易经营成本（Fine，2001）。因此，“先动优势”并不足以保护金融企业的持续竞争优势，以往主要通过“先动优势”来获得竞争优势的传统金融企业在商业方法专利出现之后，应该开始认识到商业方法专利在金融行业的战略价值以及可能为其带来的竞争优势。另外，虽然商业秘密也可以保护金融创新产品，但专利保护却能够提供更多的优势：（1）专利为权利人提供了20年的发明技术垄断期限；（2）可以防止“反向工程”，由于金融商业方法专利是一种特殊的计算机软件专利，其软件程序很容易遭受竞争企业的反向工程；（3）专利保护具有高度垄断性，专利保护不受随后其他竞争企业独立创新的影响。因为对于商业秘密保护来说，如果其他企业把相关技术申请了专利，没有申请专利的企业就无法再继续使用（Razem，2000）。

具体来看，对于金融行业来说，商业方法专利的价值主要体现在以下几个方面。（1）制造进入障碍。商业方法专利不仅可以防御其他金融企业对其商业秘密可能进行的侵权行为，而且也对其他希望进入该技术领域的金融贸易实体制造障碍。(2) 获得许可收入。商业方法专利申请行为将帮助金融企业保持和提高其在所处行业的地位。商业方法专利的出现在给金融机构带来侵权诉讼威胁的同时,也为金融机构带来了机遇,这种机遇不仅包括通过专利来保护金融创新产品的独特机制,更重要的是还为企业带来了产生潜在许可收入的机会(Schaafsma,2004)。一旦商业方法专利获得授权,就可以对希望使用该技术的企业进行技术许可,从而获得许可收入(Razem,2000)。(3) 建立行业标准。商业方法专利在金融行业标准设置中起着非常重要的作用,金融企业应该充分利用专利来建立自己的行业标准(Hunt,2007)。(4) 金融行业的特性。与其他行业技术创新相比,金融行业的特性也使得金融工具和服务创新更容易导致对公众的公开。①金融行业经常会被要求进行非保密性的规则审查。②与金融创新研发形式有关。由于金融创新成本一般会比较高,金融机构为了降低研发风险,经常需要与其他机构合作共同开发金融产品,这为潜在模仿者提供了学习创新产品的机会。③为了扩大金融产品的市场需求,金融机构需要向终端用户培训关于该创新产品的相关知识,这也在一定程度上造成了信息的扩散。④为了创造金融市场的流动性,创新机构经常需要其他机构的共同参与。由于金融创新所具有的这些特性,使得专利保护对于金融机构来说具有更加重要的价值(Kumar & Turnbull,2006)。(5) 金融产品的特性。从已获得专利保护的金融创新产品来看,主要可分为 3 类:第一类是承担后台办公功能的金融创新产品;第二类是为客户提供一种新的服务或对现有服务技术的改进;第三类是执行一种特殊任务的方法。对于第一类和第三类两种情况,从企业外部较难获得关于该创新产品的信息。但是,如果金融企业之间有人员流动,他们很容易把其所掌握的技术信息带入新的竞争机构,如果没有专利保护,竞争者可能很快通过“反向工程”提供一个具有竞争力的产品。而对于第二类创新产品,该创新产品的目的是提升对客户的服务水平。因此，金融机构需要对该服务进行宣传，这样就很容易导致竞争者的模仿。所以，此时专利保护能够为创新者提供竞争优势，允许其获得经济租。此外，由于金融创新产品具有透明性和易复制性，对于金融机构来说，如果模仿行为发生，创新者在寻求侵权赔偿时，申请专利保护通常能够起到最有效的作用（Kumar & Turnbull，2006）。因此，缺少专利保护的金融创新产品很难获得持续竞争优势。

第三节　金融业专利策略运用的框架模型

一、企业战略管理研究框架

由于企业所处经营环境的多变性和复杂性，战略管理理论在其发展过程中呈现出动态演变的特点。任何一种战略管理理论都是特定环境下的产物。明茨伯格（H. Mingtzberg）、阿尔斯特朗（Bruce Ahlstrand）和拉蒙珀（Joseph Lampel）等将战略管理的各种理论梳理成十大学派，即设计学派、计划学派、定位学派、企业家学派、认识学派、学习学派、权势学派、文化学派、环境学派和结构学派。各学派的代表人物都从不同视角，对战略管理提出了各自的主张。明茨伯格认为，战略管理的真谛其实就像一头大象，十大流派只是从不同的侧面看到大象的局部，只有综合各派的观点，才能对大象有整体的认识和体悟。

经典的战略管理分析框架强调战略有 3 个维度：过程（process）、内容（content）和背景（context）。它们之间的关系如图 3－4 所示。

战略过程是指战略实现的方式，包括战略的分析、制定、执行，战略的改变和控制（how），战略活动的参与者（who），战略活动发生的时间（when）等。战略内容是指战略决策的主题，包括企业和企业每一要素单元的战略是什么（what is），应该是什么（should be）。战略背景是战略过程和战略内容被嵌入的位置和所处环境（where），包括企业内部微观环境、产业环境以及国家宏观环境对企业战略的影响及其互动关系。

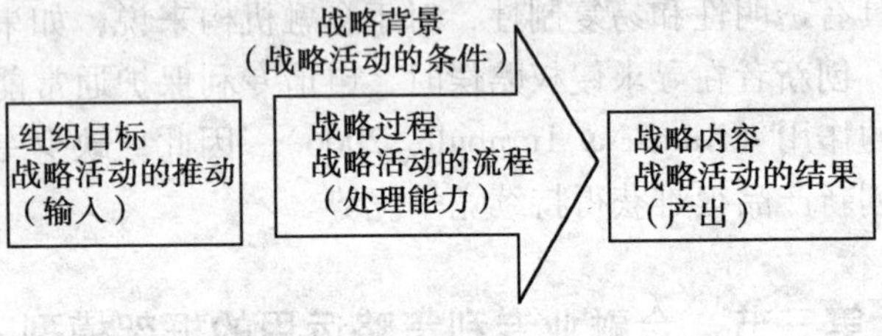

图 3－4　战略的三个维度

资料来源：转引自张琦（2008）Strategy Synthesis：Resolving Strategy Paradoxes to Create Competitive Advantage（Text and Reading），BOB DE WIT，RON MEYER。

二、金融业专利策略运用的框架模型

在企业专利战略研究领域，Somaya（2002）认为企业专利战略通常包括专利获取（patenting）、专利许可（licensing）和专利实施（enforcement）等 3 个相互联系和循环的研究领域。其中，专利获取是指专利权被获得、更新和维持的一个过程。专利许可包括对企业专利的独占许可、非独占许可以及与战略联盟之间进行专利分享的安排。专利实施主要是指通过专利诉讼等方式来实现专利所包含的法律方面的财产权。笔者对于金融行业专利战略行为研究的分析框架，在 Somaya（2002）的基础上从 3 个方面进一步进行了修正和完善。（1）笔者认为通过专利监控进行专利组合分析是研究企业专利策略行为的基础。通过专利信息分析方法进行专利组合分析，可以识别该领域的竞争态势和企业的竞争策略。对于金融行业来说，由于不同国家实施不同的商业方法专利法律制度，对金融企业专利行为造成很大影响，因此，通过专利信息分析来研究商业方法专利制度对于金融企业专利行为的影响以及识别金融行业的竞争态势就显得尤其重要。（2）在医药、电子、半导体等需要很强专利保护的行业，由于专利密集，企业的专利许可行为非常普遍，有些行业甚至还组建专门的专利许可联盟进行专利分享。因此，专利许可决策在这些行业就成为研究企业专利策略非常重要的一个方面。而对于金融行业来说，商业方法专利数量还比较少，特别是在实施比较严格的商业方法专利授权标准的国家，金融企业所拥有的商业方法专利数量还非常有限。所以与其他行业相比，金融行业很难出现双方或多方共同进行专利分享的专门的专利许可联盟。金融行业的专利许可往往与专利诉讼紧密相连，且通常以专利诉讼的方式来达到实施其专利许可的目的。两者共同构成金融企业专利权的实施方式。（3）与其他行业对企业专利行为的研究相比，专利法律制度对于企业专利行为的影响不是特别明显，因此学者们的已有研究也较少考虑法律制度对企业专利行为的影响。而对于金融行业来说，由于金融创新产品专利密切联系着商业方法专利，而不同国家的商业方法专利法律制度又存在很大差异，由此给金融企业的专利行为将造成很大影响。因此，本研究中对于金融企业专利策略行为的研究，重点考虑了不同国家商业方法专利法律制度特征及其对金融企业专利行为的影响。基于以上分析，笔者提出了一个适用于金融企业专利策略的研究框架（见图3－5）。

本研究把金融企业专利策略的运用看做是一个大的系统。该大系统又包括现两个小系统。（1）内部小系统把金融专利策略的运用分为3个领域：专利监控、专利获取和专利实施。专利监控主要是基于专利信息分析，研究金融机构的专利布局。通过专利组合分析，识别主要竞争者及其所运用的专利战略。专利信息分析是研究企业专利行为和专利战略的基础。专利获取主要是研究金融企业的专利获取动机。金融企业申请专利的主要目的是什么？是进行进攻性使用还是作防御性使用？或者有其他的战略意图？专利实施主要是指对专利权的利用，保护企业的专利许可行为和专利诉讼行为。专利监控、专利获取和专利实施三者彼此相互联系和影响。（2）在该系统的外部是企业专利策略行为的大系统，主要是外部法律和行业贸易环境对企业专利行为的影响。本书在下文对金融企业专利策略行为的分析主要围绕以上分析框架来进行。[1]

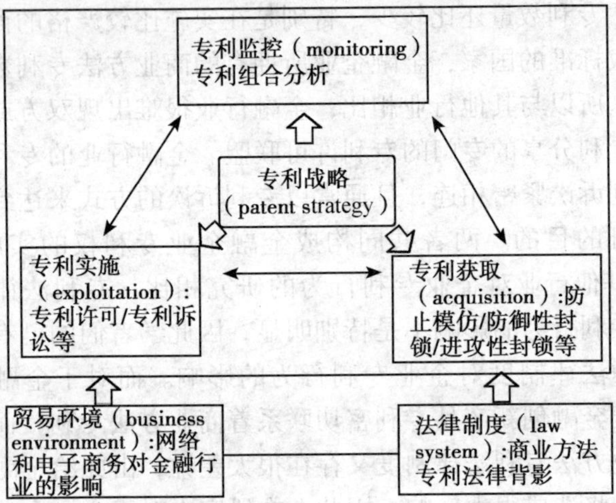

图3-5　金融业专利策略运用的框架模型

本章小结

本章目的在于分析商业方法专利在金融行业的战略价值，并提出金融企业专利策略运用的框架模型。在分析了传统金融行业的“独占性”保护机制和商业方法专利保护对金融行业的价值的基础上，本书提出了金融业专利策略运用的框架。企业专利策

[1] 关于贸易环境对金融企业专利行为的影响，本书在本章“金融商业方法专利的价值”部分已经有所提及，由于该内容不是本书研究的重点，笔者在下文不另用章节进行阐述。

略运用是一个大的系统，需要考虑来自内部和外部的各种因素的影响。从内部来看，金融企业专利策略的运用主要包括专利监控、专利获取和专利实施等相互密切联系的 3 个领域。从行业外部来看，金融企业的专利策略运用在很大程度上要受到商业方法专利制度和金融行业贸易环境的影响。

第四章　商业方法专利制度及其对金融业专利行为的影响研究

在分析金融企业专利策略之前，我们首先需要分析金融商业方法专利的法律背景。由于商业方法专利保护在国际上一直存在争论，各个国家根据自身经济发展实际情况采用了不同的标准。在不同国家，商业方法专利立法、司法和审查实践存在着很大差异。本章首先对不同国家商业方法专利法律制度进行了比较研究，并在此基础上进一步深入分析了不同法律制度对金融企业专利行为的影响。

第一节　可专利性物质主题及 TRIPs 协议规定

授予专利权的发明必须具备专利法规定的条件。这些条件可以分为两类检验：一类检验就是可专利性物质主题的检验；另一类就是确认专利是否有效的检验，包括新颖性、创造性[1]和实用性检验。即使一种新的创新产品是可专利性的物质主题，它还必须满足授予专利的有效性条件。只有具备所有这些实质条件的发明才能获得专利权保护。因此，并不是所有的物质主题都是可专利性的，也并不是所有的可专利性物质主题都能够获得专利保护。关于可专利性物质主题的存在，从专利法及其在社会中的作用方面来看主要有 5 个方面的解释：（1）基于财产关系识别无形财产和抽象客体；

[1] 美国称为“非显而易见性”。

（2）从技术上保持法律完整的必要性；（3）对于私人领域和公共领域的限制；（4）识别需要专利制度激励的相关行业；（5）基于市场定位的解释，即“专利诱导发明”理论（patent-induced invention theory）的同义语。[1] 对物质类型进行识别和划分的主要原因在于：专利保护有社会成本，专利法律的本质应该把其应用限制在成本超出利润的临界点。从这种意义上来说，可专利性物质主题的功能就是通过实质审查来限制可专利性的物质。而可专利性物质主题的扩展实质上就是知识产权制度接纳新知识形式的一个过程（Lee，2004）。

TRIPs 协议第 27 条把可专利性的物质主题定义为“一切技术领域的任何发明，无论产品发明或方法发明，只要具备新颖性、创造性并可付诸工业应用，均应有机会获得专利保护”。[2] TRIPs 协议进一步规定成员国为了保护公共利益和道德，可以排除部分可专利性的物质主题，如诊治人类或动物的诊断方法、治疗方法及外科手术；除微生物之外的动、植物，以及生产动物、植物的主要是生物的方法（非生物方法除外）等。除此之外，并未对可专利的主题或可专利性规定其他的条件，也未对“技术”（technology）作出具体的解释。因此，商业方法是否落入专利制度的保护范围，要取决于该国专利制度对于“技术”一词的解释。

从上文分析来看，TRIPs 协议并没有排除商业方法的专利保护。因此，只要它具备新颖性、创造性和实用性，且不属于法律禁止性的除外规定，就可以成为可专利性的主题。至于如何判断

---

[1] 转引自 Lee，N. Patent eligible subject mater reconfiguration and the emergence of proprietarian norms – the patent eligibility of business method，http：//ssrn. com/author = 104336.

[2] Article 27，TRIPS. any inventions，whether products or processes，in all fields of technology，provided that they are new，involve an inventive step and are capable of industrial application.

是否符合专利法的“三性”要求，则由各成员国国内法自行规定。

第二节 美国、欧盟和中国商业方法专利法律制度及比较研究

一、美国商业方法专利法律制度研究

（一）早期商业方法获得专利保护的障碍

美国于1790年颁布了历史上第一部专利法，是世界上专利制度建立较早的国家之一。USPTO把授权给发明人的作为财产权的“专利”定义为“排除其他人在美国制造、使用、许诺销售或销售该发明产品或进口该发明产品到美国”。在美国有3种专利：实用专利、设计专利和植物品种专利。

在美国专利法下，一项发明要获得专利保护，必须满足4个条件：（1）必须属于法定主题；美国法律规定了4类可授予专利权的客体：工序、机器、制品、组合物以及它们的改进；（2）具备新颖性；（3）具备实用性；（4）具备非显而易见性。[1]商业方法的可专利性与计算机软件的可专利性密不可分，商业方法之所以曾一度被认为不属于可专利的法定主题，是因为美国司法判例曾创立两个主要的例外原则：“商业方法例外原则”和“数学算法例外原则”。

1. “商业方法例外原则”

在美国，做贸易的方法长期以来被认为是不可专利性的主题，是由于1908年发生的Hotel Security Checking Co. v. Lorraine

[1] U. S. Patent Act（35 U. S. C）§ 101. § 102. § 103.

Co. 一案❶。在该案中，所争议的权利要求涉及一个防止餐馆雇员欺诈和侵占公款的现金登记与账目核对的方法专利。由于涉案专利是有关记账的系统和方法，而法院最终又判定该专利权无效，故该案判决后曾一度被曲解为做贸易的方法是不可专利的。然而事实上，该案法院并不是以原告的专利系“商业方法”为由而宣布其无效，而是以该专利不具备新颖性为由而将其撤销。❷ 这两个专利无效的理由有着根本的区别。在美国很长一段时间内，把基于不满足新颖性和创造性为由而驳回或者无效的商业方法发明，误认为不在专利法保护范围之内而不具有可专利性，由此形成了所谓的“商业方法例外原则”。

2. “数学算法例外原则”

商业方法专利保护与计算机软件密切相关，而一直以来，计算机软件也被排除在可专利性的物质主题之外。其主要障碍就是司法所创立的“数学算法例外原则”。最早确立该原则的司法判例是 Gottschalk v. Benson 案❸。在该案中，最高法院裁定，将一个二进制编码的十进制数转换成一个纯二进制数

❶ Hotel Security Checking Co. V. Lorrain Co. , 160 F. 467 (2d Cir. 1908) . Hotel Security 一案中的发明，是 Hotel Security Checking Co. 为了防止员工不诚实的行为，避免使餐馆遭受财产上的损失而设计的一种记账方法，该方法可区别不同侍者所接受的点菜或定房。当法院援用专利法时，发现该发明并非美国专利法中的机器（machine)、制品（manufacture）或物质组合（composition of matter）等发明类型，当时法院虽曾考虑将其归为一种“新而实用的技艺”（new and useful art)，但经过审慎检验后，法院又认为该发明是一种如同簿记般的旧式技艺，法院在其执行系统中，也无法发现新而实用的特点。最后法院以欠缺新颖性为由，判定该专利无效。

❷ Hotel Security Checking Co. V. Lorrain Co. , 160 F. 467 (2d Cir. 1908) . The principal defense is lack of novelty and invention. …It is unnecessary to multiply authorities as we are convinced that there is no patentable novelty either in the physical means employed or in the method described and claimed in the Hicks patent.

❸ Gottschalk v. Benson, 409 U. S. 63 (1972)。最高法院裁定，将一个二进制编码的十进制数转换成一个纯二进制数的算法不是可获专利保护的权利要求，因为这个算法惟一的实际运用是与通用数字计算机的编程相关的。这样的算法或数学公式就像自然法则一样，不是专利的主题。

的算法不能获得专利权的保护。此外，在1978年最高法院裁决的Parker v. Flook一案❶中，法院认为在一个化学冶炼程序中更新报警极限的计算机软件方法也是不可专利性的主题。这些早期的判例确立了软件不可专利性的典范。1981年Diamond v. Diehr一案是美国计算机软件专利保护的转折点。最高法院在该案中指出，数学公式是抽象的，不可专利的。但当一个数学公式被用于实现或运用于一种构造或工序，该构造或工序作为一个整体实施了专利法所要保护的功能，因此符合专利法第101条的要求，属于专利法保护的范围。❷

（二）商业方法专利保护态度的转变

20世纪70年代末80年代初，美国国内经济进入低潮期，美国政府认识到，传统专利制度发展的滞后，已经严重影响了专利制度对新技术成果实施知识产权保护的效能，阻碍了经济发展。为适应高新技术产业发展的需求，美国政府开始实施强化专利保护的政策。在金融商业方法专利保护方面，有两个最重要的转变。

1. 以CAFC为核心的专利司法制度的形成

1982年之前，涉及专利的上诉案件是由各个不同的巡回上诉法院来进行审理，由于各个巡回法院在对专利法的解释方面存在很大差异，造成由于受理法院不同而专利侵权案件的审理结果

❶ Parker V. Flook, 437 U. S. 584 (1978)。申请人Flook的专利权利要求是计算“报警值”的方法。最高法院认为，“这个应用既没有解释其他变量是如何确定的，也没有包括与运行的化学过程有关的任何信息、过程变量的监测，或者设定和调节这个报警系统的方法”。提供的全部东西就是计算校正报警值的公式。

❷ Diamond v. Diehr, 450 U. S. 175, 185 (1981)。本案申请人Diehr公司提出的一件方法发明的专利申请，是一种将自然性态的、未经熟化的合成橡胶，加工成型为熟化的精确产品的工序。该工序使用了一个模具，在热力和压力的作用下，将模具中未经熟化的材料精确成型，然后将这个合成橡胶熟化，这样成型之后，该产品既保持了形状同时又达到了功能效果。

也不同的现象。1982 年，美国国会决定处理这种情况，成立集中受理专利上诉案件的巡回法院——CAFC，专门审理地方法院专利纠纷的上诉案件，以此来改变以往专利诉讼的不确定性。该法院的建立不仅使美国专利司法、行政机关对专利法的解释与实施趋于一致，而且由于专利司法理念的变化，专利权人在专利纠纷案件中获胜的可能性明显提高。由于 CAFC 的法官绝大多数都曾有从事专利律师工作的背景，因此多数法官对专利制度持支持的态度。在 CAFC 成立后的 10 年内，法院极大地扩大了专利持有人的权利。例如，在 CAFC 成立后的 8 年内，在专利侵权案件中专利有效率为 90%，而在其成立之前的 30 年内专利侵权案件中专利有效率平均只有 62%。[1] 法院还从其他方面扩大了专利持有人的权利，CAFC 明显加强了对专利权的保护。

2. State Street Bank V. Signature Financial Group——“商业方法例外原则”的消亡

1998 年，CAFC 通过对 State Street Bank 案[2]的判决改变了传统关于可专利性主题的观念。CAFC 推翻了区法院认为 Signature Financial Group 涉及被用于决定交互式基金价值的、可以节约成本的数据处理软件专利无效的判决，CAFC 认为，“……通过机器将一系列数学计算转换成一种最终的共有价格，从而建立有关数学计算、公式或者算法的实际运用。因为该过程产生了‘一个

---

[1] Lerner, J. The two - edged sword: The competitive implications of financial patents, Working Paper, http://www.frbatlanta.org/news/conferen/fm2003/lerner.doc , 2003.

[2] State Street Bankv. Signature Financial Group, 149 F. 3d, 1368 (Fed. Cir. 1998). 本案中，被告 Signature 公司拥有的美国第 5193056 号专利名称为“轴辐式金融服务配置数据处理系统”，其涉及一种管理与计算由数个共同投资基金所组成的合伙关系的方法。轴辐式是指各个共同基金将其资产放在一个合伙投资基金组合中。此种投资配置使得共同基金管理人可节省管理成本，享有各种规模投资的优惠。该专利可以监视并记录各种金融信息，进行各种必要的计算，同时决定如何分配收益或者承担亏损。

有用、具体且有形的结果'——一种最终的共有价格，其可以瞬间应用于记录及报告的目的，甚至调整岗位的管理人员如何开展工作、今后的贸易怎样进行都可以借鉴其中的数据”。CAFC 在 State Street Bank 案中明确表示：关于“商业方法例外原则”，本院借此机会结束此项认知不良的原则。同时，CAFC 指出，本法院从未使用过“商业方法例外原则”来确认一件发明不可申请专利，即使本院前身——美国关税及专利上诉法院（United States Court of Customs and Patent Appeals，简称 CCPA）也从未援引过“商业方法例外原则”，而是以所诉商业方法不具有新颖性、创造性或其他原因作为判决依据。自此，CAFC 正式终结多年来备受质疑的“商业方法例外原则”。该案明确废除“商业方法例外原则”，一方面是 CAFC 为了鼓励创新，倾向于对可专利性主题给予更多自由的解释；另一方面，随着商业方法与计算机技术的日益结合，商业方法的自动化操作使得执行这些商业方法的装置能够产生有形的结果，因此也就更可能满足可专利性的要求。在该案判决 1 年后，CAFC 在 1999 年对 AT&T Corp. v. Excel Communications, Inc. [1]一案作出的判决，更是进一步推进了计算机软件和商业方法的专利保护。

3. Bilski 案——美国商业方法专利的最新发展

State Street Bank 案的判决致使长期以来一直被认为属于专利保护范围之外的各个领域涌现出了大量商业方法专利

---

[1] AT&T 的专利是有关长途电话计价及账单的方法和装置。这一装置可以区分拨号方和接听方是否为相同的长途电话服务商户的用户，以适用不同的计费标准。地方法院认为这一专利不是专利保护的标的，不应给予专利保护。CAFC 推翻了地方法院的判决，理由是通过该商业方法可以了解电话接听方的信息，这是一种实用非抽象的结果，可帮助长途电话服务商对于用户采用不同计费标准，且这一有形结果未先占该数学演绎法，故此发明的权利要求可为受专利保护的法定标的。这一案例确立并强化了商业方法作为专利保护标的的观点，同时指出商业方法包含数学演绎法，其产生结果是否具有物理转换并不重要，最重要在于该数学演绎法是否能被实际运用而产生有用的结果。

申请，商业方法专利申请量从1997年的不到1 000件，迅速发展到2007年超过11 000件，大批创新程度不高的商业方法专利申请也获得授权，引起了专利质量的下降，与商业方法有关的专利诉讼案例也逐年增加，损耗了社会资源，降低了社会福利，招致了社会各界对该判决采用的宽松专利适格性标准的激烈反对。为了适度平衡专利权人和社会公众之间的关系，2008年，CAFC在In re Bilski案[1]中宣布了一项检验程序是否可授予专利权的新测试——“机器或转换测试法”，即把可申请专利的“程序”限定于依附于特定机械或设施的程序，或将某一物品转化为其他状态或物品的程序。这标志着近10年来在State Street Bank案中所确立的“有用、具体且有形的结果”的检验标准受到了前所未有的挑战。

Bilski的专利申请涉及一个通过固定价格使用对冲交易销售商品以控制交易风险的商业方法专利。USPTO认为该权利要求的方法仅仅是没有任何实际应用的抽象的思想或者数学算法，因此拒绝了其专利申请，CCPA确认了USPTO的判决并进一步指出，Bilski的权利要求太广泛，该方法只是抽象的思想。因此，该方法所涉及的权利要求并不是可专利性的物质主题。随后，Bilski向CAFC提出上诉，但最终CAFC也确认了CCPA拒绝该专利申请的决定。

在该案审理中，法院主要澄清了一项方法权利要求是否属于《美国专利法》第101条下可专利性的物质主题。CAFC在Bilski一案中的审理法官并没有明确推翻State Street Bank案判决所确立的标准，而是对其检验标准提出疑问并决定重新考虑。CAFC的主要目的是限制在某些领域里申请人大量获得商业方法专利。CAFC在本案审理中重申了State Street Bank案提出的没有“商业

[1] In re Bilski, 545 F. 3d 943, 88 U. S. P. Q. 2d 1385 (Fed. Cir. 2008).

方法例外”的主张，但又明确说明如果发明仅仅产生“实用、具体和有形的结果”，该方法发明并不具备获得专利保护的充分条件。在重新考量了最高法院的有关案例后，CAFC 宣布了判定一种程序（或方法）是否可授予专利权的“机器或转换测试”法，即如果某种方法是与某特定机器搭配的，或可将某特定物品转变成不同形态或物体，无论其是否包含“有形步骤”，该方法均系具有专利适格性的标的物。基于“机器或转换测试”法，CAFC 认定 Bilski 案中的权利要求不属于专利标的物，因为该方法并未与机器相关，且并未将任何物体转换为其他状态或物体。

按照“机器或转换测试”法，一项方法专利申请如果要符合可专利性物质主题，必须满足两个条件：（1）必须表明该方法是依附于特定的机器；（2）转换一种物质到另一种物质或状态。如果缺少以上条件，则该方法发明不是可专利性的物质主题。随后，法院特别说明在分析上述所提到的两个条件时，必须特别考虑两个问题：（1）对某特定机器的使用或对某物品的转变必须对专利主张的范围施加有意义的限制；（2）该方法所涉及的机器或转换不得仅为无关紧要的，与解决困难无关的额外活动。对于“机器”的含义，由于 Bilski 一案中的权利要求未涉及机器，CAFC 并未就何为“机器实施”作出明确界定，将“机器实施的精确范围”留待“在以后案件中详加说明”。然而，法院对于“转换”是否满足可专利性物质主题则作了两种区分：一是可转换有形物质的物理或化学方面的转换，另一种是电子信号、数据、法律义务和商业风险等物质的转换。前一种转换是可专利性物质主题，而后一种转换则要视具体情况而定。

为进一步说明这一问题，法院把 Abele 案[1]与该案进行对比。Abele 案涉及通过某一方法转换某种类型的数据以及如何

---

[1] In Re Abele, 684F. 2d902 (1982).

通过该方法获得该数据的专利申请。法院指出，该申请中的数据转换明显表明了是物理和有形的物质方面的转换，可转换有形物体或物质的方法以及代表有形物体的电子数据的转换具有专利适格性。而在 Bilski 案中，“申请人主张的转换仅仅是法律义务、组织关系、商业风险或其他抽象的思想，这些转换并不能满足其属于有形物体或物质的转变的检验标准，并且也不是代表有形物体或物质的电子数据的转换”。最后，法院认为，该申请没有通过“机器或转换测试”检验，因而不构成可专利性的物质主题。

Bilski 案的判决实际上是在 State Street Bank 案判决后，伴随商业方法专利的快速增长所引起的专利质量下降和诉讼纠纷日益增多的一个结果。近几年来，美国对商业方法专利的逐步限制已经在联邦最高法院和 CAFC 的多个案例判决中表现出来，Bilski 案的判决只是使得美国日益收紧商业方法专利授权标准这一局面达到高潮。由于该案判决意义重大，美国联邦最高法院已于 2009 年 6 月 1 日宣布再审 CAFC 对 Bilski 案的判决。该案的判决结果有望在处理涉及商业方法专利的许多问题上更加平衡权利人和社会公众之间的利益。可以预见，Bilski 案将对很多网络电子商务领域内的商业方法专利申请产生显著影响。

（三）USPTO 对商业方法专利的审查实践

随着司法和立法的变化，USPTO 也被要求按照《美国专利法》第 101 条关于可专利性物质主题的规定来审查商业方法专利。美国专利制度的一个主要特点，就是其基本上不采用国际专利分类，而是一直沿用自己的专利分类。然而，由于 USPTO 以前并没有考虑把商业方法专利作为可专利性的物质主题，因此并没有可以利用的现有技术数据库。直到 1997 年，USPTO才创设 705 类，涉及金融、商业实践、管理、成本或定价等方面的数据处理。根据 705 类的定义，仅仅涉及金融、贸易实践、管理、成本或定价的电子商务、网络和数据处理方法被归为705类中。所有其他可能名为“商业方法”类的申请仍要根据其具体的技术类别进行归类和审查。State Street Bank 案判决以后，美国企业纷纷通过申请专利的形式来保护其金融和数据处理方面的创新产品。美国商业方法专利申请从1997年的973件增加到2000～2004年的平均每年67 792件。表4－1即USPTO所提供的1997～2006年705类商业方法专利申请和授权数量。

表4－1　705类专利申请和授权数量

年度	705类专利申请量	705类专利授权量	授权量占申请量的百分比（%）
1997	973	120	12.3
1998	1 425	306	21.5
1999	3 023	493	16.3
2000	8 056	845	10.5
2001	9 288	427	4.6
2002	7 470	493	6.6
2003	7 803	486	6.2
2004	8 426	289	3.4
2005	8 678	709	8.2
2006	10 015	1 191	11.9

资料来源：http：//www.uspto.gov/web/menu/pbmethod/applicationfiling.htm 及笔者计算。

由于现有技术数据库的缺乏，随着商业方法专利申请量的大幅上升，商业方法专利质量并没有随之上升，产生了许多低质量的专利，由此招致社会公众的批评。USPTO十分重视商业方法专利问题，并于2000年3月提出了一项商业方法专利行动计划。该计划的主要内容是确保商业方法这一迅速发展的技术领域的专利审查质量，并要求对涉及商业方法专利的审查员进行技术培训，以及在审查中执行扩大现有技术范围的检索。USPTO还针对该领域缺乏现有技术文献的现实，专门指定了用于商业方法专利审查的数据库，并且在其网站公布了可用于商业方法专利检索的现有数据库及其他信息资源清单，同时请求公众对这些资源作出评价，以确定还有哪些信息和资料可以用于电子商务发明专利的审查。此外，USPTO 还雇用了更多数量的专利审查员。审查员数量在 2001 年是 77 人，2002 年达到 125 人，而在 2007 年则达到 197 人。同时，为了限制公众申请商业方法专利的数量，USPTO对 705 类商业方法专利申请的补助由 2001 年的 45% 降为 2005 年的 11%，2007 年有所上升，达到 20%（如表 4－2 所示）。❶

表 4－2　USPTO 审查员数量及专利补助比例

年 度	2001	2002	2003	2004	2005	2006	2007
审查员数量（个）	77	125	110	116	133	147	197
补助比例（%）	45	44	16	11	11	19	20

资料来源：http：//www. uspto. gov/web/menu/pbmethod/.

美国商业方法专利发展与确立过程可概括如表 4－3 所示。

表 4－3　美国商业方法专利发展

案例	商业方法利的发展与确定
Hotel Security Checking Co. v. Lorraine Co. (1908)①	确立“商业方法除外”原则
Gottschalk v. Benson (1972)②	最高法院认为数学运算法则不具有实际运用性，不是可专利性主题
Diamond v. Diehr (1981)③	一个数学公式被用于实现或运用于一种构造或工序，该构造或工序作为一个整体实施了专利法所要保护的功能，因此符合《美国专利法》第 101 条的要求，应当授予专利权

❶ http：//www. uspto. gov。关于补助比例的适当上升，USPTO 对此解释是：目前的商业方法专利申请不同于 2000 年包含了扩宽权利要求的专利申请。而且目前专利审查员也都在有意识地限制商业方法专利的权利要求。因此 USPTO 希望专利补助能够适当上调。

续表

案例	商业方法利的发展与确定
Freeman - Walter - Abele Test (1981)[④]	提出“不能笼统地将所有计算机程序排除在专利法保护之外”的观点，并提出了“二步测试法”[⑤]
Paine, Webber, Jackson & Curtis Inc. v. Merril Lynch, Pierce, Fenner & Smith Inc. (1983)[⑥]	该发明涉及一个现金管理系统，法院认为该发明并不是一个数学运算法则，并认为以计算机软件表现出来的商业方法是可专利性主题
In re Alappat (1994)[⑦]	联邦法院明确否定了两步测试法的合理性
Examination Guidelines for Computer - Related Inventions	新《计算机相关发明专利申请的审查指南》提出在进行与商业方法专利有关的审查时应该与其他方法权利要求同等对待
State Street Bank and Trust Co. v. Signature Financial Group, Inc. (1998)[⑧]	法院认为所申请的发明只要能够提供“有用、具体且有形的结果”，就是可专利性的主题
Training Materials Directed to Business, Artificial Intelligence, and Mathematical Processing Applications	解释了在审查与计算机相关的发明时对审查指南的运用问题
In re Bilski	确立了新的“机器或转换测试”法

①Hotel Security Checking Co. v. Lorraine Co., 160 F. 467 (2d Cir. 1908).

② Gottschalk v. Benson, 409 U. S 63, 175 U. S. P. Q 673 (1972).

③Diamond v. Diehr, 450 U. S 175, 209 U. S. P. Q 1 (1981).

④In re Freeman, 573 F. 2d 1237, 197 U. S. P. Q. 464 (C. C. P. A. 1978), In re Walter, 618 F. 2d 758, 205 U. S. P. Q. 397 (C. C. P. A. 1980), In re Abele, 684 F. 2d 902, 214 U. S. P. Q. 682 (C. C. P. A. 1982).

⑤二步测试法”(Freeman - Walter - Abele Test)，即在判断涉及计算机软件的发明是否具有专利性时，第一步要求确定其权利要求是否直接或间接记载了一种数学模型或一项科学原理；如果是，第二步要判断其权利要求作为一个整体是否仅仅记载了一种数学模型或一项科学原理。如果上述两个问题的答案都是肯定的，那么该申请不具有专利性；如果有一个答案是否定的，那么该申请就可能得到专利法的保护。

⑥Paine, Webber, Jackson & Curtis Inc. v. Merril Lynch, Pierce, Fenner & Smith Inc., 564 F. Supp. 1358, 218 U. S. P. Q. 212 (D. Delaware, 1983).

⑦In re Alappat, 33 F. 3d 1526, 31 U. S. P. Q. 2d 1545 (Fed. Cir. 1994).

⑧State Street Bank and Trust Co. v. Signature Financial Group, Inc., 149 F. 3d 1368, 47 U. S. P. Q. 2d 1596 (Fed. Cir. 1998).

二、欧盟商业方法专利法律制度研究

（一）EPC 关于商业方法可专利性的要求

欧盟关于商业方法可专利性的主要依据是《欧洲专利公约》（European Patent Convention，简称 EPC）第 52 条。EPC 第 52 条第 1 款规定："任何易于工业应用、具备新颖性和创造性的发明在欧洲应该被授予专利权。"该条说明了一项发明可授予专利权的 3 个必要条件：新颖性、创造性和工业应用性。该条第 2 款列出了不受专利法保护的主题，主要包括：发现、科学原理、数学运算方法；艺术创作；执行智力活动、游戏或商业方法的方案、规则和方法以及计算机程序；信息的表达。同时，该条第 3 款对第 2 款又作了进一步限定，指出第 2 款所列的主题或活动仅限于欧洲专利申请或欧洲专利有关活动的"本身"（as such）。除此之外，授予专利权的发明必须具有"技术特征"（technical character）。EPC 并没有明确规定"技术特征"的要求，"技术特征"的要求主要来源于 EPC 实施细则（Implementing Regulation of The European Patent Convention Rule）第 27 条和第 29 条。EPC 实施细则第 27 条第 1 款（a）规定，申请欧洲专利的发明必须明确其所属的技术领域。另外，该细则第 29 条也规定必须在申请专利时定义其"技术特征"。但无论是 EPC 还是其实施细则，在判断商业方法是否属于可专利性的范围时，均没有对商业方法"本身"和"技术特征"给出明确的法律定义。

（二）案例法发展及 EPO 审查实践

由于 EPC 第 52 条把商业方法专利排除在外，这也为 EPO 审查商业方法专利提供了法理基础。利用计算机程序实施的商业方法是否授予专利，取决于对第 52 条的解释。按照该规定，EPO 一直坚持商业方法发明的专利要件，即所申请的发明必须具有"技术贡献"（technical contribution），如果所申请的发明对现有技术的贡献不具有技术特征，则不能被授予专利权。该标准首先来源于EPO上诉委员会在VICOM（T208/84）[1]一案中所作出的判决。一直以来，“技术贡献”方法是EPO随着判例法发展所坚持的一项基本原则。然而，“技术贡献”方法存在的一个主要问题就是在判断其是否属于保护客体时，引入了现有技术以及对现有技术贡献的概念，这就必然形成只有与现有技术比较以后才能确定是否属于专利保护客体的结论，而与现有技术的对比本应是审核创造性的方法。由于“技术贡献”方法混淆了可专利性和创造性的评估，并不能在可专利性标准判断时作出明确的区分，因此遭到了大量的批评。

因此，在上诉委员会随后判决的案例IBM/Computer program product Ⅱ案（T1173/97，T935/97）[2]和PBS Partnership/Controlling pension-benefits system（T 931/95）案中，“技术贡献”作为

---

[1] VICOM案所涉及发明的权利要求是关于一种通过二维数据列进行数据图像处理的方法。上诉委员会认为，通过二维数据列进行数据图像处理构成一种技术方法。“存储的图像是一个物理实体，它不同于一列抽象的数据。”“对物理实体的处理构成一种技术方法，即使其暗含的思想仍然基于数学方法也是如此。”“通过程序控制的一种技术方法，对该方法的权利要求不能再被视为与计算机程序本身有联系。”在判断方法权利要求是否具有技术性质这一问题上，本案确立了“物理实体”检验法。但对于什么是“物理实体”，本案并未明确说明。

[2] 在IBM/Computer program product Ⅱ中，IBM声称，《欧洲专利公约》第52条第2款意图排除缺乏技术特征的计算机程序，如果计算机程序具备技术特征，其同样具有可专利性。审查局拒绝了这一发明，指出只要计算机程序被排除在《欧洲专利公约》第52条的可专利客体的范围之外，这样的主张就不能授予专利权。EPO技术申诉庭援引《维也纳关于法律条约的公约》第31条第1款来解释《欧洲专利公约》第52条第2款把计算机程序排除出可专利客体的意图。其最终指出：既然《欧洲专利公约》第52条的意图是把没有技术特征的客体排除出可专利客体，那么第52条第2款排除的计算机程序不包含具有技术特征的程序。申诉庭还指出，虽然TRIPs协议不直接适用于《欧洲专利公约》，但这样的解释应同样符合TRIPs协议第27条的意图，该条规定，所有技术领域的发明均应有可能获得专利。IBM案判决被认为作出了以下新的解释：（1）具备技术特征的计算机程序是可专利客体；（2）程序的形式不影响其可专利性；（3）计算机程序的技术特征决定于其体现出来的“进一步的技术效果”；（4）“技术效果”应该用于创造性审查，而不宜作为评价法定客体的标准。

技术性的判断方法被抛弃。但是，“技术贡献”方法在审查发明的创造性方面仍然起着作用。2000 年的 Pension-Benefit 案[1]就是该新的解释方法的一个例子。2000 年 9 月，EPO 上诉技术委员会在该案最后裁决中认为，EPC 第 52 条的排除性规定隐含着专利应当具有“技术性”或者“技术特征”的要求。对于方法权利要求，上诉委员会认为问题在于权利要求的方法是否表现为从事商业活动的方法本身。如果商业方法本身具有技术性或具有技术特征，它仍然是从事商业活动的方法，但已经不是公约所述的商业活动方法本身，那么这种具有技术性质的商业方法可以被授予专利权。虽然在 Pension Benefit 案中申请人的方法和产品权利请求最终都遭到了 EPO 的否决，但否决的原因并不是因为它们是商业方法或者与商业方法有关，而是由于它们不具备发明所必需的技术特征，这对 EPO 一直把“技术贡献“作为可专利性判断标准的原则作出了重大突破。

然而，由于并没有关于“技术特征”的正式定义，根据 EPO 上诉委员会对商业方法可专利性在认定“技术特征”时的相关判决，可概括如下：如果一个商业方法专利申请是为了解决潜在的技术问题，使用了技术手段或者在解决技术问题时取得了技术效果，则该商业方法被认为具有可专利性。关于技术效果则可以认为是通过运行计算机在控制工业程序或处理物理实体数据

---

[1] Pension Benefit 案是关于一项名为“改进年金收益系统”的申请是否可以在欧洲获得专利权的纠纷。该系统可以帮助雇主管理其雇员年金收益账户，也可以为所有参与的雇员计算可精确预计的和可增加的收益。其权利要求包括：方法权利要求，具体指将雇员的数量、收入和年龄以及雇主的信息提供给数据处理装置，运用该装置计算雇员的平均年龄，雇员的周期寿险成本和寿险保单面额，雇员在死亡、残疾或者退休时所能获得的定期收益，为雇主计算每年管理、法律和信托方面的最佳花费这一整套商业方法；产品权利要求，具体指一个数据处理工具，该工具可以用来接受雇员和雇主的各项信息，并处理这些信息，得出方法要求中涉及的各项具体指标。1995 年 7 月 7 日，EPO 对该专利申请作出了否定的裁决。申请人于 1995 年 9 月 8 日提出申诉，2000 年 9 月 8 日，EPO 对该案作出了最后裁决。

时所取得的比一般物理效果更好的技术效果（Soininen，2005）。

同年，EPO为阐述其关于商业方法专利的立场，把商业方法分为3类：第一类是抽象的商业方法，该类商业方法不具备可专利性；第二类是通过计算机实施的方法，该类申请使用“与计算机相关发明”相同的方式进行审查，具备可专利性；第三类是利用其他特定装置实施的商业方法，其审查方式与第二种商业方法相同，也具有可专利性。同时，EPO也说明了有关计算机程序的审查步骤。首先，就与计算机软件有关的发明而言，如果该发明需要通过计算机软件来运行，则这类发明首先被推定为在EPC第52条第2～3款所排除的不可专利性范围之外。然后，这些申请为了达到符合授予专利权的标准，必须审查其是否具有新颖性和创造性。而有关创造性的审查部分，该发明申请必须解决了客观上的技术问题（objective technical problem），否则，申请将会以缺少创造性为由而被驳回。由于规定创造性要求的主要目的在于促进技术进步，专利权的保护范围并不及于现有技术领域的发明。因此，如果所申请的商业方法在现实世界早已存在，只是将一些现实世界中的商业方法移植到电子商务领域，这些商业方法专利申请由于并不具有创造性，不能对其授予专利权。对不具备创造性的商业方法专利申请授予专利权，容易导致权利滥用，反而造成电子商务商业方法发展上的阻碍。关于创造性的审查标准，是EPO在审查商业方法专利申请时所考察的重点。

为了回应IBM/Computer Program Product II案（1998）和IBM/Pension Benefit案（2000），EPO于2001年11月发布了新的审查指南，该指南指出，一项具有技术特性的产品或者方法，即使该产品或方法包括或至少包括一项商业方法，其仍然具有可专利性。该原则确认了EPO近年来在计算机软件和商业方法上的扩大保护政策。

表4-4概括了欧盟计算机软件和商业方法专利的发展过程。

表4-4 欧盟计算机软件和商业方法专利的发展

Examination Guidelines (1978)	严格限制计算机程序本身不具有可专利性。审查标准认为：如果对现有技术的贡献仅仅是用于数据处理程序，那么无论专利申请采用何种方式，该客体都不具有专利性
Vicom decision (1986)①	提出"技术贡献"原则。认为如果发明提供一技术领域的贡献，则发明被认为具有可专利性
Sohei decision (1995)②	上诉委员会认为，当由计算机软件执行某种功能的发明包含有技术考虑时，则不属于EPC第52条第2~3款所排除的范围
IBM decision (1998)③	在该案中，EPO上诉委员会明确推翻了EPO关于计算机软件不具备可专利性的见解。认为EPC第52条第2~3款所排除的计算机程序本身是指欠缺技术特征的计算机程序，而具有技术特征的计算机程序具有可专利性
Picture Retrieval System (2000)④	上诉委员会认为记录有功能数据的记录载体不是数据输出本身，因此不排除在可专利性范围之外
Controlling Pension Benefits System (2000)⑤	在该案中，上诉委员会指出：本案所要回答的问题是权利要求是否表达了实施商业活动的方法本身，如果该方法本身具有技术性或者技术特征，那么它仍然是实施商业活动的方法，但已经不再是商业活动方法本身。换言之，依照EPO的观点，存在技术性质的商业方法也可以授予专利。这一判决与其以前的判例在原则上是一致的，只不过该案把对软件授予专利的解释扩展到了商业方法领域，明确指出只要商业方法具有技术性质，就可以获得专利，这是本案在理论上的重大突破
Guidelines for examination (2000)	针对此前发生案件的开放保护政策在该指南中给予了肯定。软件专利申请已经合法化，由于商业方法与执行商业方法的软件之间并无明显界限可辨，商业方法专利也随之合法化
SIM/COMVIK28 (2002)	提出"技术贡献"原则作为创造性的判断标准

①T208/84.

②T769/92.

③T1173/97.

④T1194/97.

⑤T641/00.

三、中国商业方法专利法律制度研究

(一) 我国关于商业方法发明可专利性要求的法律发展

《中华人民共和国专利法》(以下简称《专利法》)及其实施

细则对于商业方法专利相关申请的审查并没有作出明确的规定。与商业方法专利申请有关的规定主要来自《审查指南》。

1.《审查指南（1986）》第二部分第12章

1985年，《专利法》开始在我国实施，1986年《审查指南》第12章的软件发明申请的判断标准规定，只有能使计算机结构或电子数据处理设备产生变化、使机器硬件技术作出相应变革，引起机器设备在技术上有新的创造性改进的计算机程序和能使计算机系统或机器设备以全新的具有创造性方式运行的计算机程序才可给予专利保护。❶

2.《审查指南（1993）》第二部分第9章

1993年4月1日起生效的新的《审查指南》，舍弃了上述苛刻条件，提出了符合软件技术发展的、宽松的软件专利标准。（1）计算机软件本身如果落入智力活动的规则和方法范围，则是不可专利性的主题；（2）如果发明的物质主题能够产生技术效果并构成一个整体的技术解决方案，则是可专利性的主题。❷

3.《审查指南（2001）》第二部分第9章

2001年《审查指南》重新修订，新修订的指南规定了“3要素标准”。一个包含计算机软件的发明，只有当它满足3个条件时，才是可专利性的物质主题。这3个条件是：解决的是技术问题；采用了技术手段；达到了技术效果。同时，该指南强调，在考虑发明是否满足该3要素标准时，该发明必须作为一个整体来进行考虑。❸

4.《商业方法相关发明专利申请的审查规则（2004）》

随着我国经济的快速增长，与商业方法专利有关的申请也呈增长趋势。由于没有关于商业方法专利申请统一的审查标准，不

---

❶《审查指南（1986）》第二部分第12章。

❷《审查指南（1993）》第二部分第9章。

❸《审查指南（2001）》第二部分第9章。

同的审查员对同一个商业方法专利申请往往得出不同的结论。为协调商业方法专利申请的审查标准，2004 年 10 月，SIPO 发布了《商业方法相关发明专利申请的审查规则（试行）》。但该规则并没有公开颁布，而只是在审查员内部实施，供其在审查商业方法专利时作为参考。

5.《审查指南（2006）》第二部分第 9 章

2006 年，SIPO 再次对《审查指南》进行修改。该《审查指南》对与智力活动有关的商业方法专利申请规定了新的审查标准。[1]

（二）关于商业方法专利的技术性要求

一个发明申请专利的前提条件是它必须是可专利性的物质主题。《中华人民共和国专利法实施细则》（以下简称《专利法实施细则》）第 2 条第 1 款规定，专利法所称发明是指对产品、方法或者其改进所提出的新的技术方案。因此发明的技术特征是申请专利的必备条件。此外，基于法律、政治和社会考虑，专利法明确排除了 6 类不受专利法保护的主题：科学发现；智力活动的规则和方法；疾病的诊断和治疗方法；动物和植物品种；用原子核变换方法获得的物质；对平面印刷品的图案、色彩或者二者的结合作出的主要起标识作用的设计。[2]商业方法发明由于与智力活动的规则和方法相关，因此它们通常被认为是不可专利性的物质主题。一个发明不仅要具备可专利性物质主题的要求，它还要满足获得专利的实质条件，即新颖性、创造性和实用性。

1. 关于技术解决方案

《专利法实施细则》第 2 条第 1 款把发明定义为一种新的技术解决方案，包含计算机软件的发明必须满足“3 要素”标准。《审查指南（2006）》明确说明涉及计算机程序的发明

---

[1] 《审查指南（2006）》第二部分第 9 章。
[2] 《专利法（2008）》第 25 条。

专利申请只有构成技术方案才是专利保护的客体。[1] 但何种情况下发明才构成技术方案呢？根据《审查指南（2006）》，如果涉及计算机程序的发明专利申请的解决方案执行计算机程序的目的是为了处理一种外部技术数据，通过计算机执行一种技术数据处理程序，按照自然规律完成对该技术数据实施的一系列技术处理，从而获得符合自然规律的技术数据处理效果，则这种解决方案属于《专利法实施细则》第 2 条第 1 款所说的技术方案，属于专利保护的客体。[2] 按照这样一种审查标准，对于涉及计算机软件相关发明的申请，在考虑其是否是一种技术解决方案时，比以往更加严格。

智力活动的规则和方法由于不具有技术特征，因此不是可专利性的物质主题。按照《审查指南（2006）》，“智力活动”是指人的思维运动，它源于人的思维，经过推理、分析和判断产生出抽象的结果，或者必须经过人的思维运动作为媒介，间接地作用于自然产生结果。智力活动的规则和方法是指导人们进行思维、表述、判断和记忆的规则和方法。由于其没有采用技术手段或者利用自然规律，也未解决技术问题和产生技术效果，因而不构成技术方案。它既不符合《专利法实施细则》第 2 条第 1 款的规定，同时属于《专利法》第 25 条第 1 款第（2）项规定的情形。因此，指导人们进行这类活动的规则和方法不能被授予专利权。[3] 智力活动的规则和方法不是可专利性的物质主题。

2. 关于技术贡献

在审查实践中，以前的审查指南采用“技术贡献”原则来决定发明是否是可专利性的。“技术贡献”原则是指在决

[1] 《审查指南（2006）》第二部分第 1 章第 2 条。

[2] 《审查指南（2006）》第 2 部分第 9 章第 2 条。

[3] 《审查指南（2006）》第二部分第 1 章第 4 条第 2 款。

定与智力活动的规则和方法有关的发明是否是可专利性物质主题时，该发明对于现有技术的贡献必须具有技术特征。对现有技术的技术贡献的缺乏经常被认为是《专利法》第25条第1款第（2）项下规定的智力活动的规则和方法，而否认其具有可专利性。纯粹的智力活动的规则和方法以及包含技术特征的规则和方法都是依据该原则进行排除。然而，由于“技术贡献”评估原则所存在的缺陷，[1]《审查指南（2006）》对这一审查原则作了改变，放弃了以“技术贡献”原则来作为发明是否具有可专利性的评估标准。按照《审查指南（2006）》，如果在一项对权利要求进行限定的全部内容中既包含智力活动的规则和方法的内容，又包含技术特征，则该权利要求就整体而言并不是一种智力活动的规则和方法，不应当依据《专利法》第25条排除其获得专利权的可能性。该原则改变了既包括技术特征又包括智力活动的规则和方法内容的权利要求的审查规则。但是，“技术贡献”原则在我国《专利法》的规定中，仍然还是作为创造性审查的标准。[2]

（三）我国目前关于商业方法专利的审查实践

新修订的《审查指南（2006）》规定，与计算机软件有关的商业方法专利申请的审查规则如下。

1. 属于《专利法》第25条第1款第（2）项“智力活动的规则和方法”，不属于法定的可专利性的物质主题

以下两种情况属于《专利法》第25条第1款第（2）项所

---

[1] “技术贡献”原则存在的主要缺陷就是造成了对发明可专利性评估与创造性评估的混乱。因为客体问题是首先审查的内容、在检索前就应该确定的内容，如果与现有技术对比，就意味着该专利申请已经通过了客体的审查，实质上已经是在对该发明进行创造性的判断。我国商业方法专利法律制度在很大程度上借鉴了EPO的做法，而“技术贡献”原则作为审查发明是否具有可专利性的标准已经被EPO所抛弃。

[2] 《审查指南（2006）》第二部分第1章第4条第2款。

规定的"智力活动的规则和方法"。❶

(1) 纯粹的智力活动的规则和方法。计算机程序本身或仅仅记录在载体（例如磁带、磁盘、光盘、磁光盘、ROM、PROM、VCD、DVD 或者其他的计算机可读介质）上的计算机程序，或者游戏的规则和方法等。

(2) 如果一项权利要求，除其主题名称以外，对其进行限定的全部内容均为智力活动的规则和方法，则该权利要求实质上仅仅涉及智力活动的规则和方法，也不应当被授予专利权。如仅由所记录的程序限定的计算机可读存储介质或者一种计算机程序产品，或者仅由游戏规则限定的、不包括任何技术性特征的计算机程序，例如不包括任何物理实体特征限定的计算机游戏装置等，由于其实质上仅仅涉及智力活动的规则和方法，因而不属于专利保护的客体。

2. 与计算机软件有关的商业方法专利申请只有当构成技术方案时，才是可专利性的物质主题 [*1]

如果发明不属于《专利法》第 25 条第 1 款第（2）项所规定的"智力活动的规则和方法"，则需要考虑两种情况：

(1) 如果发明没有构成《专利法实施细则》第 2 条第 1 款所规定的"技术解决方案"，则该发明是不可专利性的。

(2) 如果发明构成《专利法实施细则》第 2 条第 1 款所规定的"技术解决方案"，则该发明是可专利性的物质主题。

基于以上原则，SIPO 制定了两步法检验来决定涉及计算机软件的商业方法专利申请是否是可专利性的物质主题。

第一步：决定权利要求的解决方案是否属于《专利法》第 25 条第 1 款第（2）项所规定的"智力活动的规则和方法"。审查的方法就是考虑该解决方案是否包括技术特征。只

❶ 《审查指南（2006）》第二部分第 1 章第 4 条第 2 款。

* 《审查指南（2006）》第二部分第 9 章第 2 条。

有当该解决方案包括技术特征时，它才能从《专利法》第25条第1款第（2）项排除，即不属于智力活动的规则和方法。

第二步：如果该解决方案从《专利法》第25条第1款第（2）项所规定的“智力活动的规则和方法”中排除，则需要进一步审查其是否构成《专利法实施细则》第2条第1款所规定的“技术方案”。该决定的具体方法就是看其是否满足“三要素标准”，即解决技术问题、使用技术手段并产生技术效果，该三要素必须同时满足。

以上的审查程序如图4－1所示。

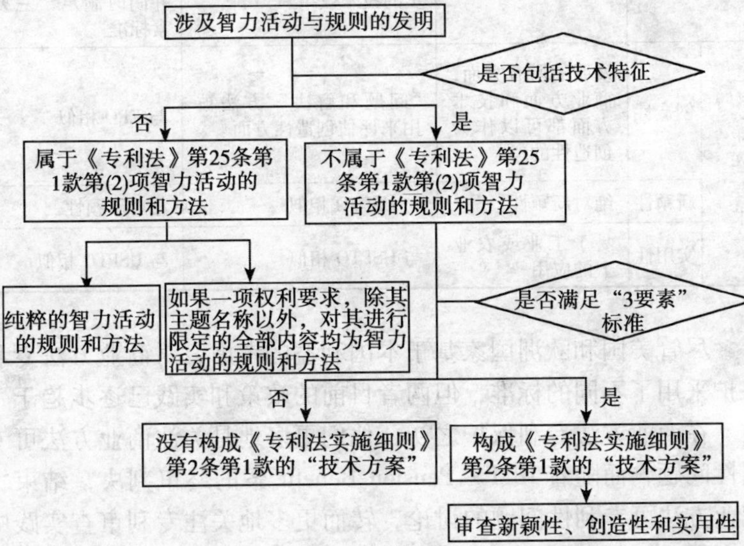

图4－1　我国商业方法专利审查程序

（四）商业方法专利法律制度比较研究和评价

USPTO、EPO和SIPO关于商业方法专利的审查原则比较可概括如表4－5所示。

表 4-5 USPTO、EPO 和 SIPO 商业方法专利审查原则比较

内容		USPTO	EPO	SIPO
可专利性物质主题		要求能够产生有用、具体和有形的结果	(1) 商业方法本身不属于可专利性的物质主题; (2) 删除"技术贡献"原则作为判定发明申请是否属于可专利性物质主题的判断标准。	与 EPO 相似
			为满足可专利性的物质主题，该商业方法必须具有技术特征，并且带来进一步的技术效果	满足可专利性物质主题的要求，所申请的商业方法必须构成技术解决方案，并同时满足"三要素标准"
实质性要求	创造性	发明的所有方面，商业方面和技术方面都可以作为创造性的考虑	"问题和解决"方法被用来评估创造性方面	与 EPO 相似
	新颖性	绝对新颖性	与 USPTO 相似	相对新颖性
	实用性	易于工业或农业上的应用	与 USPTO 相似	与 USPTO 相似

尽管美国和欧洲国家基于本国利益的考虑，对商业方法专利保护采用了不同的标准，但两者目前的政策和实践已逐步趋于一致。在商业方法专利保护之初，他们更多地是关注商业方法可专利性问题，而随着 IBM / Pension Benefit 案的终审判决，结束了商业方法可专利性问题的讨论，转而更多地关注专利审查实践中对于创造性的判断和审核。尽管欧洲没有照搬美国的商业方法专利政策，但美国对于商业方法专利保护的政策仍然对欧洲产生了很大影响。

我国法律体系以及传统制度与欧盟具有相似性，因此，我国商业方法专利制度在很大程度上借鉴了欧盟的经验，如关于"技术性"的要求。但在具体的审查实践方面，两者也存在不同之处。在商业方法专利可专利性要求方面，与 EPO

的“技术特征”要求相比，我国的“三要素标准”必须同时满足的原则事实上要比 EPO 更为严格，从而增加了在我国获得商业方法专利的困难。

第三节　商业方法专利制度对金融业专利行为的影响研究

美国、欧盟和我国对于商业方法专利的不同态度对金融企业的专利行为带来重大影响。与其他行业专利行为不同，金融业专利行为联系着专利的特殊类别——商业方法。由于商业方法专利以前并不受到专利保护，所以 IPC 国际专利分类表（international Patent classification）中并没有专门针对商业方法专利的分类，相关的商业方法专利申请分布在 G06F 17/60、G06F 17/30 、G06F 19/00、G06F 11/00、H04L 9/00 、H04L 9/32 等众多技术类别中。随着电子商务的发展以及商业方法专利在世界范围内逐步得到认可，目前的专利分类很难适应商业方法专利发展的需要，WIPO 经过多次讨论，终于在 2006 年新颁布的 IPC 分类中增加 G06Q 作为专门的商业方法类申请。商业方法专门技术分类的缺乏导致直接通过专利信息检索来分析金融企业专利行为非常困难。因此，为了探析商业方法专利制度对金融企业专利行为的影响，本研究主要采用了美国 USPTO 所提供的商业方法专利技术分类，并通过同族专利等检索策略研究美国之外的金融商业方法专利问题。

一、USPTO 金融专利行为分析

在美国，有关金融类商业方法专利主要分布在美国专利分类号 705 类中。为研究美国商业方法专利法律制度对金融企业专利行为的影响，笔者按照 USPTO 对金融商业方法专利的分类，利用 USPTO 在线数据库 www. uspto. gov，检索了美国 1977 ~2006 年

间在以下5个小类中的金融商业方法专利授权情况（见表4-6）。❶

表4-6　美国金融商业方法专利分类

705/35	融资方法
705/36	证券组合选择、计划或分析方法
705/37	金融资产交易、匹配或投标方法
705/38	信贷处理程序
705/4	保险相关的方法

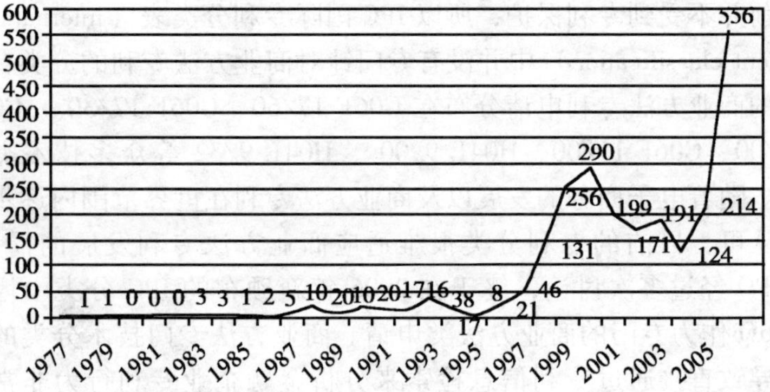

图4-2　美国金融商业方法专利年度授权量

资料来源：http：//www. uspto. gov/，经笔者检索和计算所得。最后检索日期：2008年5月31日。

❶ 705/35：Finance（e. g.，banking，investment，or credit）；705/36：Portfolio selection，planning，or analysis；705/37：Trading，matching，or bidding；705/38：Credit（risk）processing or loan processing（e. g.，mortgages）. 705/4：Insurance（e. g.，computer implemented systems or methods for writing insurance policies，processing insurance claims，etc.），http：//www. uspto. gov/web/offices/ac/ido/oeip/taf/def/705. htm.

从图 4-2 可以看出，在 1996 年以前，USPTO 每年授予的金融商业方法专利数量非常有限。而从 1996 年开始，由于行政和司法方面态度的转变，❶ 金融商业方法专利授权数量呈明显上升趋势。金融类商业方法专利在 2001 ~2005 年间的授权数量有所停滞，主要有两个方面的原因。（1）审查员的不足。从 20 世纪 90 年代起，USPTO 从一个由税收收入资助的机构转变为政府的利润中心，专利申请费成为其收入的主要来源。由于财务压力造成 USPTO 人力资源紧张，导致现有审查员一时难以应对专利申请的快速增长。（2）商业方法专利质量的下降。网络商业方法是一个全新的技术领域，由于审查员缺乏相应专业知识以及该领域现有技术文献的匮乏，导致专利授权质量的降低。为提高商业方法专利审查质量，USPTO 雇用了更多具有金融和经济专业背景知识的审查员，并在 2001 年创建“技术中心 2100”，专门审查 705 类目中的商业方法专利申请，此类目的申请都要经过二级审查，由此在很大程度上延长了该类专利申请的审查期限，并导致授权比率有所下降。但这种由于审查时限延长对商业方法专利授权数量的影响只是暂时现象。事实上，从 2005 年以后商业方法专利授权数量仍持续上升，并在 2006 年达到了与以往相比最快的增长速度。

关于美国金融商业方法专利申请量，由于 USPTO 网站只公开了 2001 年 3 月 15 日以后申请而没有授权的专利，在此之前的专利申请量无法从 USPTO 专利数据库查询，❷ 而只能根据总商业

❶ 在行政审查方面，1996 年，USPTO 删除专利审查程序手册（Manual of Patent Examination Procedure）第 706.03 节，即 Rejections Not Based on Prior Art 中相关的准则：“商业方法虽然看似属于制程或方法的范畴，但仍可能因为不在法定种类之列而被驳回”，并于同年在公布的电脑相关发明审查基准（Examinations Guidelines for Computer - Related Inventions）中表示“专利审查员在处理针对商业方法的申请时会遇到困难，其实不应将申请归纳为商业方法，而应当将其与其他工序申请同等看待。”

❷ USPTO 专利授权数据库只能查询每年获得授权的专利申请。

方法专利申请量进行估算。USPTO 网站年度报告公布了 1997 年以来所有类别的商业方法专利申请和授权数据（见表 4-1）。为分析美国金融机构 1998 年前后金融专利申请量的变化情况，笔者对 1997~2000 年 4 年的金融专利申请作了估算。其估算依据是 1997~1999 年总的商业方法专利申请量和 2001~2006 年金融商业方法专利申请量占总商业方法专利申请量的比例。该估算假定：1997~1999 年金融商业方法专利申请占总商业方法专利申请的比例等于 2001~2006 年金融商业方法专利申请占总商业方法专利申请的比例的平均值。图 4-3 即显示了 1997 年以来金融商业方法专利申请情况。可以看出，从 1998 年开始，美国金融商业方法专利申请数量迅速上升。根据估算的数据，1999 年金融商业方法专利申请数量达到 1997 年的 3 倍。同样受美国对商业方法专利审查日趋严格的影响，2002 年金融商业方法专利申请与 2001 年相比有所下降，但仍然保持着持续较高、稳定的增长趋势。

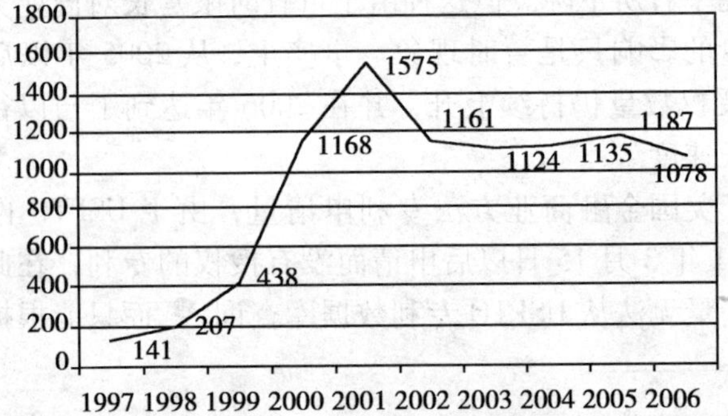

图 4-3　美国金融商业方法专利年度申请量

资料来源：同图 4-2（说明：1997~2000 年的数据是笔者根据 2001~2006 年金融商业方法专利申请占总的商业方法专利申请的比例的平均值进行估算而得）。

二、EPO 金融专利行为分析

（一）欧盟金融专利研究设计

由于 EPO 并没有如 USPTO 一样，为商业方法专利划定专门的技术类别，因此对欧洲商业方法专利进行研究的一个最大阻碍就是很难找到一个合适的方法来识别 EPO 的商业方法专利申请。由于 EPO 根据相关技术领域对专利申请进行了分类，因此通常情况下，根据专利技术分类就能够对该技术领域专利申请进行识别。然而，EPO 这种用于进行技术分类的 IPC 国际专利分类号并没有包含任何专门有关商业方法的专利分类。[1]在 EPO 的金融商业方法专利都被划分到不同的技术类别。这种分类实践使得我们无法仅仅通过 EPO 所提供的技术分类来识别相关金融商业方法专利申请。由于美国金融商业方法专利容易识别，本研究对于 EPO 金融商业方法专利的研究策略就是根据 USPTO 的金融商业方法专利数据，找到其在 EPO 的等同专利来进行识别。

该识别策略的主要步骤是：第一步，根据 USPTO 关于金融商业方法专利的分类找到所有在 USPTO 授权的金融类商业方法专利；第二步，使用 EPO 的在线专利检索数据库（http：//ep. espacenet. com），核查每一个 USPTO 授权的金融商业方法专利是否在 EPO 进行专利申请。图 4 – 4 就是该识别策略的具体思路。通过 EPO 专利与美国等同专利这一策略，可以识别所有美国 705 类金融商业方法专利申请在 EPO 的等同专利。基于 USPTO 的分类，可以假定，这些在 EPO 的专利申请发明实际上是金融商业方法专利。

然而，运用该识别策略来研究 EPO 金融商业方法专利也存在一些选择方面的问题。由于 USPTO 专利信息数据库仅包括授

[1] EPO 仅仅在 2006 年 IPC 第 8 版分类表中新增 G06Q 作为专门的商业方法专利类别之后，也引进了这种新的技术类别。

权专利数据库，专利申请数据库只包括2001年3月以来的专利申请，故只有USPTO的金融商业方法专利申请被授权，相应的EPO金融商业方法专利申请才可以被识别。因此，该研究设计只能识别一部分EPO金融类商业方法专利申请。在EPO的金融类商业方法专利申请如果在USPTO没有等同专利，或与USPTO等同的专利申请在USPTO还没有得到授权，就无法包括在本研究样本中。因此，使用该识别策略会导致部分EPO金融类商业方法专利申请无法被识别。但是，由于存在国际等同申请的这些金融商业方法专利具有更高的价值，因此，具有较高价值的核心金融商业方法专利实际上都基本包括在本研究所选择的样本当中，这样就减少了由于研究方法选择所造成的样本差异问题。笔者首先从USPTO网站上识别了授权的1 888件金融商业方法专利。[1] EPO的ESPACENET专利数据库包含EPO的等同专利申请，通过匹配USPTO金融商业方法专利，产生了在1977～2006年间重叠的543件EPO金融类商业方法专利申请。这543件金融商业方法专利申请再通过EPO的法律状态数据库（http://www.epoline.org）来进一步研究其所具有的特征及法律状态。

（二）欧盟金融商业方法专利分析

表4－7显示了基于申请人国家分类的EPO金融类商业方法专利申请的统计描述。在EPO，欧盟申请人占8%，而美国申请人占到了84%。可以看出，美国金融企业在EPO的专利行为非常积极。从专利授权情况来看，欧盟的专利申请的授权比例为65.93%，大大高于美国专利申请的14.50%。同时美国申请人的专利申请被驳回的比例为38.68%，高于欧盟申请的11.11%。全部申请量被驳回的比例达到33.70%。此外，视为撤回的专利申请比例也达到14.36%。截至笔者检索日期，在USPTO授权的

[1] 为了提高数据分析的准确性，该1 888件专利剔除了重复划分在不同技术类别的同一专利，所以数据较之图4－2有所减少。

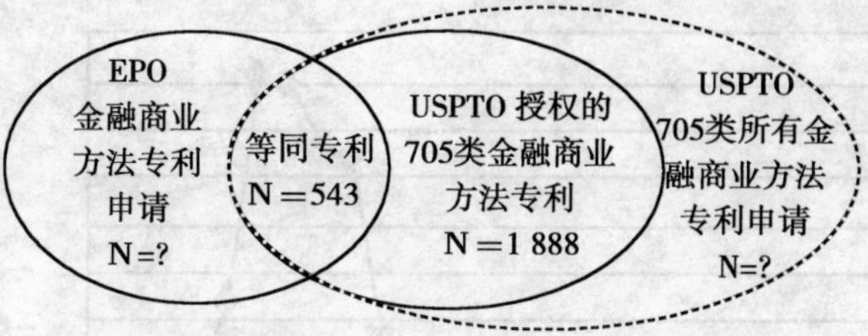

图4-4 欧盟金融商业方法专利研究设计

资料来源：根据Wagner（2006）整理。

543件金融商业方法专利中，仅111件在EPO被授权，授权比例仅占全部申请比例的20.44%。这一数据明显反映了美国和欧盟在商业方法专利法律制度方面的差异给金融业专利行为带来的影响。由于EPO在商业方法专利法律制度方面关于“技术性”的严格要求使得在美国得到授权的金融商业方法专利在EPO有大量被驳回或由于各种原因撤回申请。

表4-7 基于申请人国家比较的EPO金融类商业方法专利申请结果比较

审理结果（%F）	欧盟（%F）		美国（%F）		其他（%F）		合计（%F）	
授权	30	65.93	66	14.50	15	34.88	111	20.44
未决	7	15.56	150	32.97	14	32.56	171	31.49
视为撤回	3	6.67	63	13.85	12	27.91	78	14.36
驳回申请	5	11.11	176	38.68	2	4.65	183	33.70
合计	45	100	455	100	43	100	543	100

资料来源：http：//www. uspto. gov、http：//ep. espacenet. com、http：//www. epoline. org及笔者计算。

图4-5解释了美国和欧盟的年度申请量。可以看到，在1994~2000年间美国在EPO金融商业方法专利申请量急速增长，并远远高出欧盟申请。美国在欧盟金融商业方法专利的快速增长主要原因可能是美国法院对于商业方法专利的认可，申请人对于商业方法专利的价值和可利用性也增强了认识。因此，他们开始

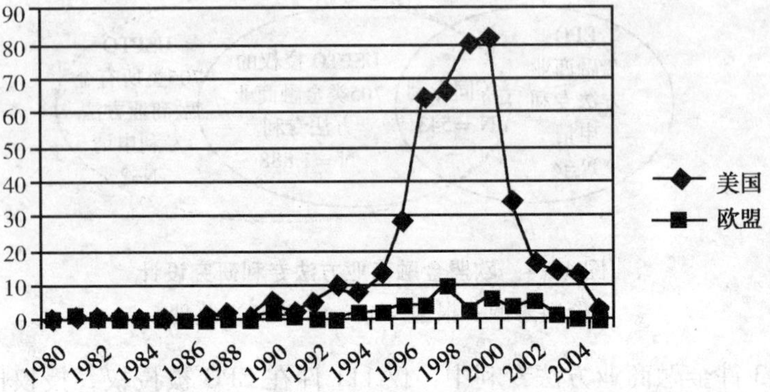

图 4－5　金融商业方法专利年度和国家申请情况

资料来源：同表 4－7。

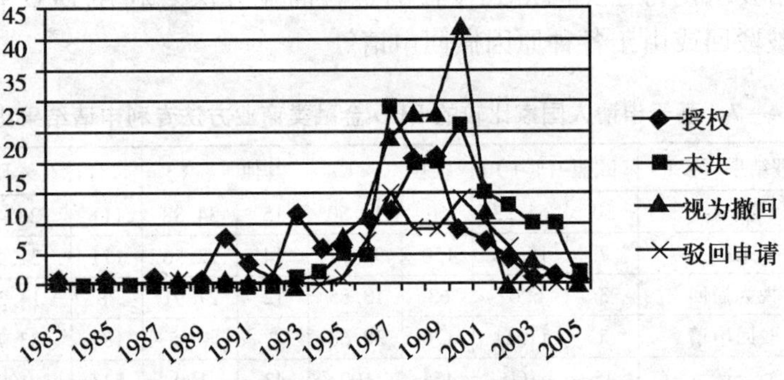

图 4－6　EPO 金融商业方法专利申请结果年度变化趋势

资源来源：同表 4－7。

积极在美国之外的地区如欧盟进行商业方法专利布局。与同一时期欧盟的金融商业方法专利申请相比，美国的金融企业显然更为积极和主动。但在 2000 年以后，美国金融企业在 EPO 的专利申请也呈下降趋势，这也在一定程度上反映了美国商业方法专利政策对欧盟金融商业方法专利申请行为的影响。

此外，从 EPO 专利审理结果的年度变化趋势来看（见图 4 - 6），90% F 的金融商业方法专利申请是在 20 世纪 90 年代得到授权，而在此之后授权率的急速下降在很大程度上是由于专利数据的割断。因为对于专利申请来说，从申请到最终授权通常需要好几年的时间，越新的专利申请，其未决的可能性就越大。

表 4 - 8 列出了在 EPO 最积极的金融商业方法专利申请人及主要权利人专利申请的授权、未决、视为撤回及驳回申请情况。表 4 - 8 列出了在 EPO 前 12 位金融商业方法专利申请人及专利申请的授权、未决、视为撤回及驳回申请情况。从表 4 - 8 可以看出，主要申请人的专利申请量占了全部申请量的 20%。从主要申请人情况来看，花旗银行的专利行为最为积极，远远高于其他专利申请人。在其获得授权的仅有的 2 个专利中，就有 1 个被提出诉讼。[1] 此外，Reuters 的授权比率最高，仅有的 8 件专利申请全部得到授权，其中有 3 件专利被提出异议。主要专利申请人分别来自于美国、英国和日本。这也从一定程度上反映了这些国家在金融商业方法专利方面的创新和战略运用。

表 4 - 8 EPO 金融商业方法专利主要申请人分析

专利申请人	国家	申请	授权	未决	视为撤回	驳回申请
Citibank	美国	20	2（1 个被异议）	6	9	3
First Data	美国	9	1	8	0	0
Priceline. com	美国	9	0	9	0	0
Foliofn	美国	8	0	0	8	0
GE Capital Commercial Finance	美国	8	0	3	5	0
Reuters	英国	8	8（3 个被异议）	0	0	0
Trading Technology	美国	8	3	5	0	0

[1] EPO 规定了专利授权之后的异议制度，该异议制度在欧洲学者研究中也被认为是诉讼行为的一种。而异议比率也被认为是衡量专利价值的一个指标。

续表

专利申请人	国家	申请	授权	未决	视为撤回	驳回申请
Walker Digital	美国	8	0	5	3	0
Financial Engines	美国	7	0	4	2	1
Fujitsu	日本	7	4	1	1	1
OptiMark Technologies	美国	7	0	0	7	0
Overture Services	美国	7	0	6	0	1

资料来源：同表4－7。

三、SIPO金融专利行为分析

笔者运用与欧盟金融商业方法专利相同的识别策略识别出在美国得到授权的金融商业方法专利申请共有177件在我国申请专利。申请人的主要国别分布情况如表4－9所示。从国别分布来看，国外金融机构在我国申请商业方法专利最多的国家是美国和日本，可见美国和日本金融机构在对外扩张中对专利以及专利战略的重视。

表4－9　我国金融商业方法专利申请国别分布情况

国家	申请	所占比率（%F）
美国	144	81.36
日本	11	6.21
澳大利亚	4	2.26
德国	3	1.69
法国	2	1.13
英国	1	0.56

资料来源：http：//www.uspto.gov、http：//www.sipo.gov.cn及笔者计算。

此外，为进一步了解我国金融商业方法专利现状，笔者重点选取了金融领域的银行业来进行研究。为实现该研究目标，笔者使用SIPO的在线数据库识别了1985～2006年间178件国内外银

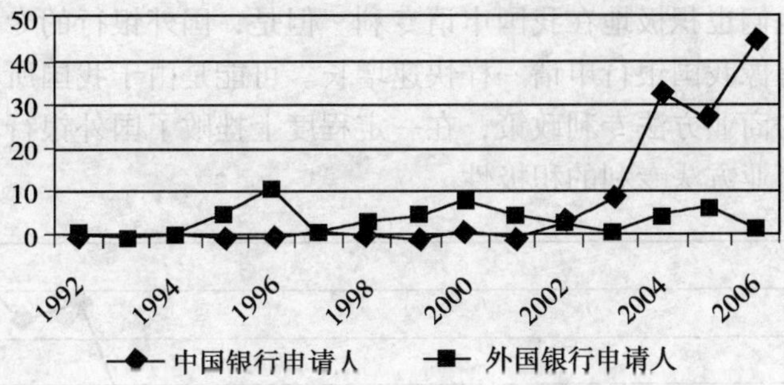

图 4－7　1985～2005 年内资银行和外资银行发明专利申请年度比较图

资料来源：基于 SIPO 未加工的数据，经笔者检索和计算所得，ht-tp：//www.sipo.gov.cn，最后检索日期：2008 年 5 月 31 日。

行机构在我国申请的金融商业方法专利。[1] 1992 年，花旗银行首先在我国申请金融商业方法专利。2002 年底，SIPO 授权了我国第一个金融商业方法专利——电子货币系统（专利号：92113147）给花旗银行，引起了我国金融界和学术界的广泛讨论。然而，我国银行直到 1998 年才开始进行金融商业方法专利的申请。尽管如此，我国银行机构的金融商业方法专利申请从 2002 年开始大量上升（如图 4－7）。3 个原因可以解释该现象：（1）我国《专利法》在 2001 年进行了第二次修改，在很大程度上加强了专利保护；同时为了符合 TRIPs 协议的要求，我国相关政府和法院也承诺要加强知识产权保护；（2）我国加入 WTO，在 5 年内必须开放金融市场，我国金融企业需要面临来自国际金融机构的激烈竞争；（3）由于我国金融机构在规模和竞争力方面也已经成长，他们逐渐意识到需要通过专利来保护金融创新产品的重要性。至于国外银行，由于考虑到我国金融市场的重要

[1] 本文对这部分数据识别的策略主要是以“银行”为关键词进行检索。同时结合 IPC 分类、专利申请名称和摘要进行识别商业方法专利申请。故按照该方法所识别的银行商业方法专利带有笔者一定的主观性。

性，他们也积极地在我国申请专利。但是，国外银行的专利申请并没有像我国银行申请一样快速增长。可能是由于我国所实行的严格的商业方法专利政策，在一定程度上挫败了国外银行在我国申请商业方法专利的积极性。

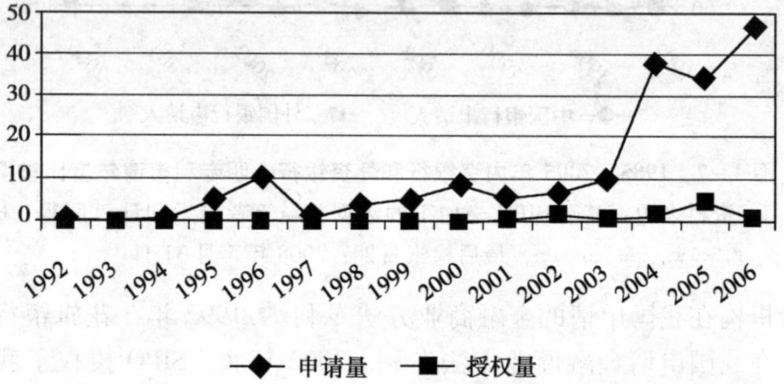

图 4－8　SIPO 银行商业方法专利申请量和授权量比较图

资料来源：同图 4－7。

由于 SIPO 采用比 USPTO 和 EPO 更严格的商业方法专利审查标准，尽管金融商业方法专利申请量大幅增加，但授权量并没有增加。大多数银行商业方法专利申请还处于未决状态，得到授权的商业方法专利非常有限（如图 4－8）。

关于我国金融商业方法专利申请的另一个基本图案就是专利申请人的分布情况。图 4－9 显示了主要银行商业方法专利申请人的明细。可以看出，两个最主要的专利申请人是中国工商银行和中国建设银行。一方面，这两个银行都属于国有银行，有来自政府资金的充分支持；另一方面，与其他金融机构相比，这两家银行对于金融产品的知识产权保护也给予了更多的重视。例如，中国建设银行在 2006 年制定了在建设银行内部实施的知识产权管理办法，这也是我国金融业实施的第一部专门针对金融机构的知识产权管理制度。从那时开始，其他一些金融机构也纷纷效仿建设银行制定自己的知识产权管理办法。这从一定程度上反映了我国金融机构在知识产权意识方面的提高。美国两大金融机构——花旗银行和 JP 摩根大通银行在我国申请专利非常积极。其他专利申请人就比较多样化，包括国有银行、股份制商业银行以及其他外国银行。

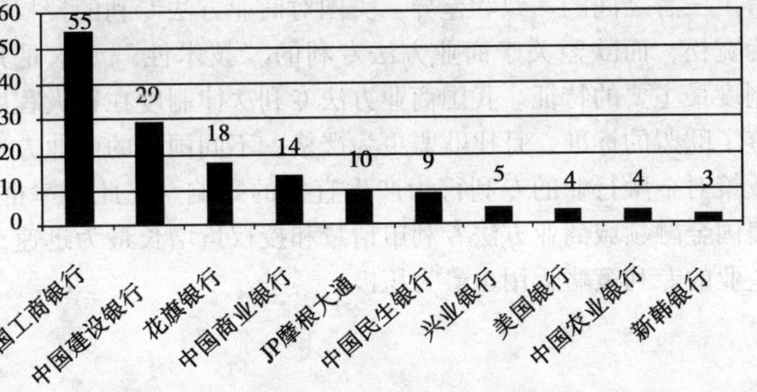

图 4－9　主要银行专利申请人专利申请量

资料来源：同图 4－7。

从以上美国、欧盟和我国金融商业方法专利申请和授权情况来看，不同国家商业方法专利法律制度的差异对金融企业专利行为产生了重要影响。由于美国授权标准最为宽松，美国金融商业方法专利申请量和授权量均呈快速增长趋势，金融企业的专利策略运用也更为积极。在欧盟，由于其所实行的“技术性”标准，使得大量在美国已经得到授权的金融商业方法专利申请在 EPO 由于不具备相应要求而被拒绝或撤回。由此可以看出，欧盟的“技术性”标准在很大程度上影响了金融企业申请专利的积极性。我国由于实行比欧盟更为严格的“技术性”要求，商业方法专利授权量也最为有限。

本章小结

本章主要分析了商业方法专利法律框架及其对金融业专利行为的影响。通过对美国、欧盟及我国商业方法制度的比较分析，得出三者之间的一致和差异。美国对商业方法专利的授权标准最为宽松，而欧盟关于商业方法专利的“技术性”要求是其法律制度最主要的特征。我国商业方法专利法律制度在很大程度上借鉴了欧盟的标准，且比欧盟更为严格。不同国家的商业方法专利政策对金融行业的专利行为产生直接的影响。在此法律框架下，美国金融领域商业方法专利申请量和授权量增长最为迅速，金融企业的专利策略运用也最为积极。

第五章　金融专利组合策略研究

在研究金融企业专利策略时，我们首先应该分析金融行业竞争态势及金融商业方法专利布局情况。而通过专利信息进行专利组合分析和技术监控，是实现这一目标的最好方法。

本部分研究主要选取美国金融机构作为研究对象，以识别主要金融专利权利人的专利策略行为。该选择主要是出于以下几个方面的考虑：（1）美国金融行业在世界金融行业中占有极其重要的地位，对美国金融企业的研究具有代表性；（2）USPTO 对于金融商业方法专利分类更为系统和规范，使得相关研究更加准确和可靠；（3）与其他国家相比，USPTO 金融商业方法专利申请和授权数量最多，为研究提供了数据分析来源；（4）美国金融企业对于商业方法专利的战略运用更为积极，具有研究的潜力和意义。[1] 本章基于专利信息分析，并在前人对专利组合研究的基础上，重点对美国金融企业商业方法专利组合策略进行了实证分析和识别。

第一节　专利组合理论

技术管理的核心就是建立技术监控系统。该系统能够使企业及时参与竞争环境中技术的变化，同时也可以使企业产生新的贸易机会或识别目前存在的贸易风险。专利由于其所具有的独特特性，通过专利信息的充分利用可以在技术监控方面发挥巨大的作用。首先，

---

[1] 基于与此相同的原因，本书在以后章节关于专利动机和专利诉讼策略的研究均选取美国金融行业作为研究对象。下文不再重复。

虽然竞争企业没有公开其R&D数据，但这些企业也可能会在某些技术领域申请专利，通过对其申请的专利进行分析，可以识别竞争企业的产品和技术发展方向以及发明人等相关信息。因此，专利信息数据库可以帮助提高企业监控系统数据分析的规模和范围；其次，由于专利是通过专利局进行审查和许可，因此，专利分析是测量企业R&D活动的一种比较客观和准确的分析方法。而且，由于专利包含大量的技术信息，并且由统一的IPC国际专利申请进行技术分类（美国USPTO还有其专门技术分类），这样就容易识别国际技术发展中的专门技术领域。此外，通过专利信息分析，还可以识别专利权人对于该发明最终希望利用和进行市场化的发展方向；最后，与其他信息来源相比，专利往往是能够及时识别相关领域技术改变的惟一来源（Ernst, 1998）。

随着商业方法专利在世界范围内逐步得到认可，金融企业已经纷纷建立自己的专利组合，并通过专利的战略运用，增强企业的竞争优势。德国Ernst教授是在专利组合研究方面最有代表性的学者。Ernst（1998）以21个德国、欧洲和日本机械工程公司为研究对象，经研究发现，通过技术方面的专利组合分析可以识别企业核心竞争力；此外，在战略决策中，专利组合也是非常有价值的分析工具。Ernst（2003）提出传统的投资组合方法往往基于决策者的主观评估，由于缺乏必要的信息无法监测竞争对手而导致竞争失败，而且传统的方法是静态的，且无法用于分析技术发展的动态趋向。于是他提出了专利组合模型，即从专利活动和专利质量两个角度来衡量企业专利组合的二维构架模型，通过建立一系列指标，从专利组合的角度对企业专利行为和技术领域进行定位，从而为企业战略制定提供决策信息（见图5－1）。

为通过专利组合分析为企业投资决策提供依据，Ernst（2003）又进一步从相对专利增长率和相对技术份额两个维度建立专利组合模型将企业的技术研发分为不投资、选择性投资和投资3个决策领域（图5－2）。

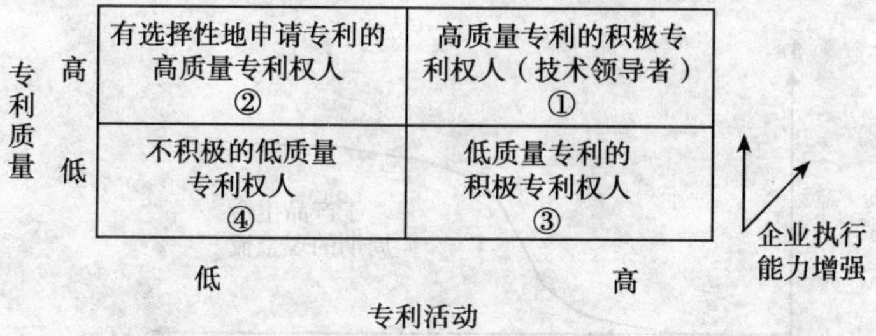

图 5-1　基于专利组合的专利战略识别模型

资料来源：根据 Ernst（2003）整理。

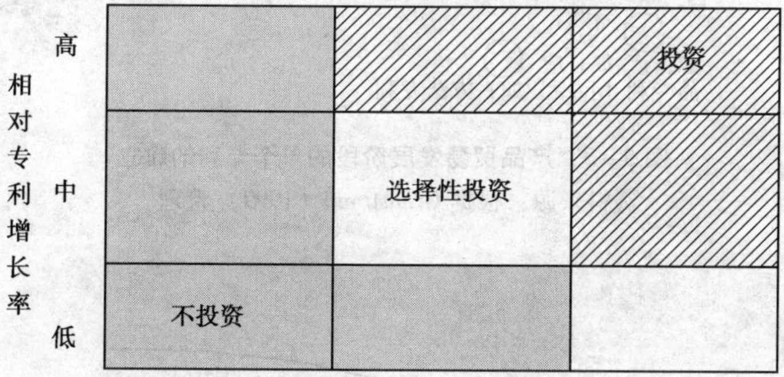

图 5-2　技术领域层面的专利组合

资料来源：根据 Ernst（2003）整理。

Granstrand（1999）也从产品生命周期的角度分析了单个专利和专利组合所带来的不同的现金流。对于企业来说，单个专利只能为企业带来一定阶段的现金流，而专利组合则可以为企业带来持续的现金流（如图 5-3 和图 5-4）。因此，企业要重视专利组合的战略价值，并通过战略运用为企业带来竞争优势。

本研究也将基于 Ernst 专利投资组合理论进行研究并对其进行改进，同时按照本书研究目的对相关指标进行修改，以研究金融行业商业方法专利组合策略问题。

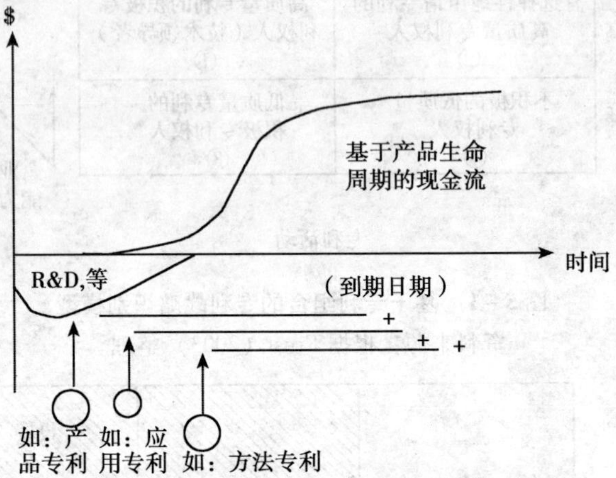

图 5-3　产品贸易发展阶段的单个专利的建立

资料来源：根据 Granstrand（1999）整理。

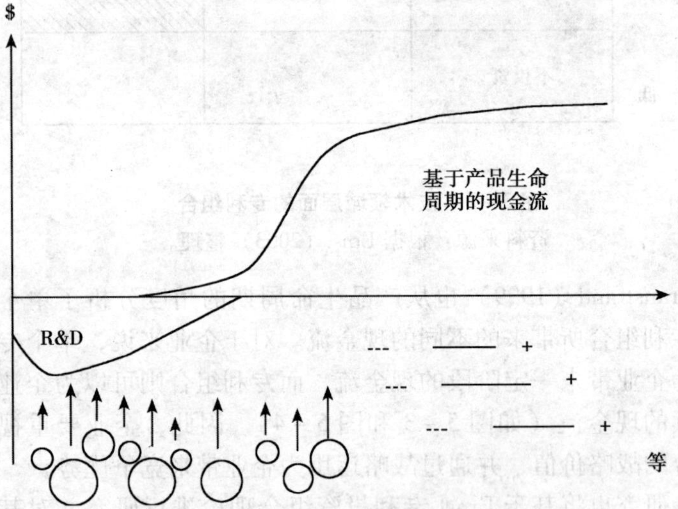

图 5-4　持续专利行为和专利组合的建立

资料来源：同图 5-3。

第二节　金融专利组合描述性分析

在现代经济中，任何产业的成长发展都要倚仗金融业的支持。当今美国经济活动的核心已不是物质产品的生产，更多的是金融资产等财富的管理、流动和增值。进入20世纪90年代以来，美国经济已经保持了多年的持续增长。富有活力的经济是由强有力的金融业支撑起来的。作为现代经济金融的强国，美国金融业的发展趋势对全球各国的金融发展都有着深远的影响。1995年，美国金融业的销售额是105.961亿美元，而到2005年，其销售额达到580.380亿美元，是1995年的5.5倍。在世界最大的上市金融公司前20位排名中，美国就有6家。据美国国家科学基金委员统计，美国近年来不断增加金融业研发投入，2003年，金融研发投入为14.55亿美元，2004年为17.08亿美元，而在2005年达到30.30亿

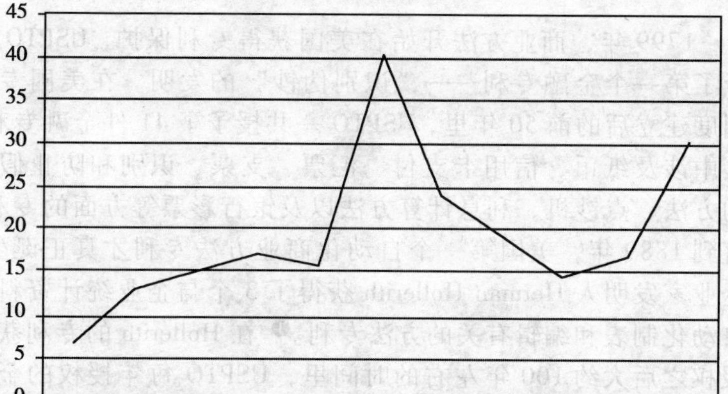

图5－5　1995～2005年美国金融领域R&D投入情况（单位：亿美元）

资料来源：美国国家科学基金委员会及笔者计算。

美元（见图5－5）。此外，金融领域从事研发的科学家和工程师的

人数占总雇员人数的比例也从2003年的19.2%增加到2004年的22.3%，2005年达到30.2%（见图5-6）。

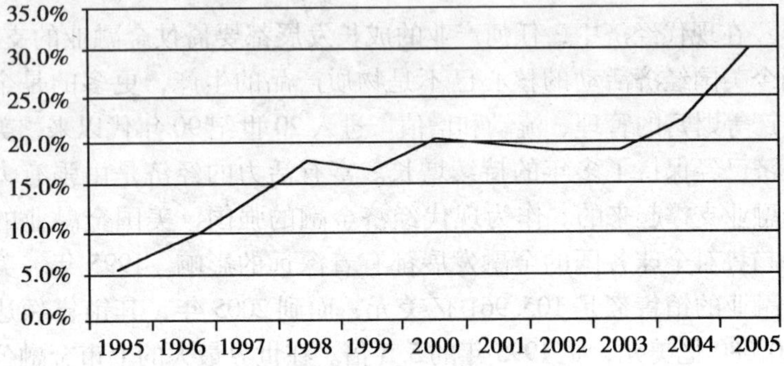

图5-6　1995~2005年美国金融领域R&D科学家和工程师雇员占总雇员比例

资料来源：美国国家科学基金委员会及笔者计算。

1799年，商业方法开始在美国获得专利保护，USPTO授予了第一个金融专利——“识别伪钞”的发明。在美国专利制度建立后的前50年里，USPTO一共授予了41件金融专利，其中涉及纸币、信用卡支付、汇票、支票、识别和防止假冒的方法、点钞机、利息计算方法以及银行彩票等方面的专利。直到1889年，美国第一个自动化商业方法专利才真正诞生。企业家发明人Herman Hollerith获得了3个与企业统计资料的自动化制表和编辑有关的方法专利。[1] 在Hollerith的专利获得授权之后大约100年左右的时间里，USPTO每年授权的金融商业方法专利数量最多不超过20项。[2] 在整个金融服务领域，

---

[1] 64 USPTO white paper, “Automated Financial or Management Data Processing Methods (Business Methods)”, http://www.uspto.gov/web/menu/busmethp/index.html.

[2] http://www.uspto.gov/.

专利起着非常有限的作用。

一、金融机构纷纷构建专利组合以应对竞争

随着商业方法专利在美国得到认可，美国金融机构已经认识到专利组合的重要性，通过大量申请专利来构建自己的专利组合。Signore（2004）认为金融机构建立强大的专利组合通常具有以下几个优势：（1）当其他专利权人意图提起专利诉讼时，拥有专利组合对对方来说是一个强有力的威慑；（2）作为与竞争者进行交叉许可谈判的筹码；（3）阻止其他竞争者进入自己的市场；（4）作为许可收入的来源；（5）在发生专利侵权纠纷时，专利是强有力的谈判工具，可以获得更多的损害赔偿；（6）专利申请也可能创造一个“现有技术”，通过无效程序或在专利诉讼中使竞争者的专利无效；（7）即使在没有专利诉讼的情况下，专利组合也具有优势。如投资者、债权人和股票分析家可能会由于公司拥有专利组合而受到积极的影响。笔者从 USPTO 网站上检索了美国银行、金融服务公司和金融技术公司的专利组合，其705类专利数量和专利总数分别如表5－1、表5－2和表5－3所示。

表5－1　银行专利组合

银行名称	705类专利数量	专利总数
Citibank	69	107
JPMorgan/Chase Manhattan	44	57
First USA / Bank One	18	37
Capital One	8	25
First Union/Wachovia	5	8
Bank of America	4	42
Mellon Bank	3	3
Wells Fargo	1	17
National City Bank	1	4

资料来源：http：//www. uspto. gov/，经笔者检索和计算所得，最后检索日期：2008年5月31日。

表 5 - 2　金融服务公司专利组合

公司名称	705 类专利数量	专利总数
Visa	39	89
American Express	25	98
Merrill Lynch	24	37
Mastercard	19	37
GE Capital	18	25
Reuters	15	46
CheckFree Corp.	13	14
Cantor Fitzgerald	6	7
Freddie Mac	5	5
Nasdaq Stock Market	4	5
Metropolitan Life	4	17
Morgan Stanley	3	5
Hartford Fire Insurance	2	24

资料来源：同表 5 - 1。

表 5 - 3　金融技术公司专利组合

公司名称	705 类专利数量	专利总数
Diebold	73	333
First Data	71	161
Proprietary Financial Products	8	8
Financial Engines	7	7
NextCard	5	5
Financial Services Technology Consortium	4	4

资料来源：同表 5 - 1。

表 5 - 1、表 5 - 2 和表 5 - 3 显示了美国金融领域的主要申请人。表 5 - 1 显示的是美国银行的专利组合。可以看出，Citibank 和 JPMorgan 专利总数和 705 类商业方法专利数量均遥遥领先。表 5 - 2 显示的是除银行以外的金融服务公司的专利组合。可以看出，Visa、American Express、Merrill Lynch 和 Mastercard 占据

了该领域的前几名。表 5－3 显示的是为金融机构提供硬件和软件的金融技术公司的专利组合。非常明显，Diebold 和 First Data 在申请专利方面非常积极。总体来看，美国金融机构已经非常重视金融领域商业方法专利的申请，并积极构建专利组合以应对行业竞争。

二、个人权利人持有大量金融商业方法专利

表 5－4 显示的是金融商业方法专利权利人信息。从表 5－4 可以看到，美国金融专利权利人主要是由美国公司和个人权利人组成，两者授权量达到全部金融商业方法专利授权量的 91.0%。其中，持有金融商业方法专利的个人权利人所占比例高达 23.6%，明显高于其他行业。截止 2006 年，外国公司在美国的金融商业方法专利授权量并不多，仅占总量的 8.2%。其中，日本最多，占到了 4.6%，其次是英国和德国。可以说明，日本、英国和德国是美国金融机构专利布局的主要竞争对手。此外，仅仅只有 8 件专利授权给了学术研究机构。

表 5－4　美国金融商业方法专利权利人信息

实体			数量	百分比（%F）
企业	合计		1 431	75.8
	国内		1 276	67.6
	国外	合计	155	8.2
		日本	87	4.6
		英国	22	1.2
		德国	20	1.1
		其他	27	1.4
个人	合计		445	23.6
	国内		442	23.4
	国外		3	0.2
大学			8	0.4
政府			4	0.2

资料来源：同表 5－1。

三、非金融机构纷纷在金融领域进行专利布局

图5－7显示的是美国主要的金融商业方法专利权利人。从图5－7可以看出，前3位金融商业方法专利的权利人分别是IBM、Citigroup和GE公司。除Citigroup这一美国最大的金融服务机构之外，另外两个公司IBM和GE公司都是非金融机构。在前10位金融商业方法专利权利人中，非金融机构就达到6个，占到一半以上。这些非金融机构主要是在信息技术领域的专利申请占主导地位的企业，如IBM、GE、Fujitsu、Hitachi等。这些企业在传统信息技术领域已经申请了大量涉及计算机和网络有关的专利，在美国明确商业方法的专利保护以后，这些公司又开始转而部署金融商业方法专利。非金融机构申请的大量金融商业方法专利构成了金融机构专利发展和金融创新的主要威胁。

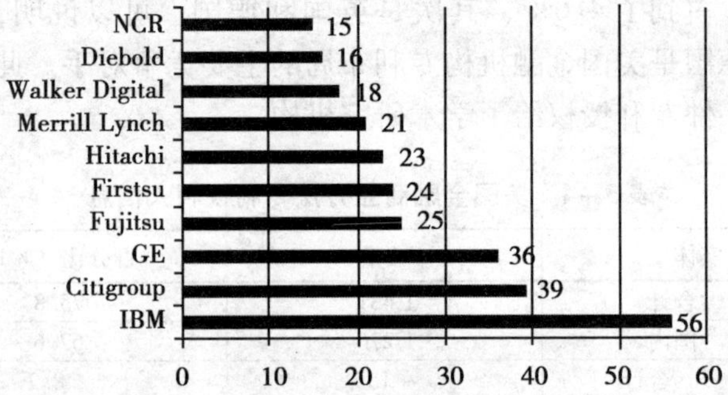

图5－7　金融商业方法专利主要权利人

资料来源：同表5－1。

四、"融资方法"类金融商业方法专利是金融专利竞争的核心领域

图5－8显示的是美国金融商业方法专利在5个不同类别的专利授权量。从该5个类别的金融商业方法专利分布情况来看，占据主导地位的是705/35类，即与融资方法相关的专利，共有

818 件，达到全部金融商业方法专利授权数量的 43.3% F，远远高出其他类别的授权数量。其次专利布局数量较多的是 705/37 类——“与金融资产交易、匹配或投标方法相关的专利”，达到 451 件，占全部金融商业方法专利数量的 23.9% F。

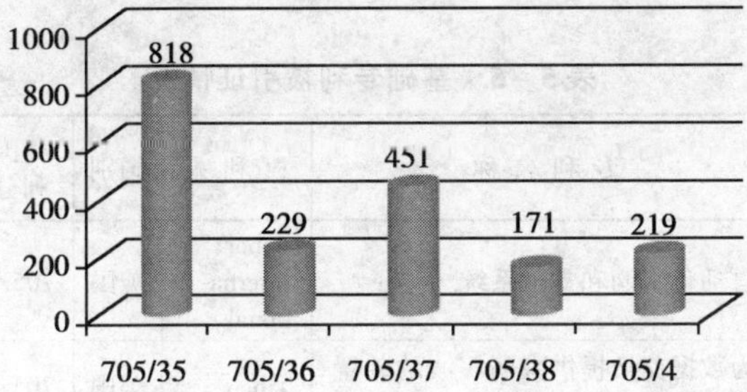

图 5－8　美国金融商业方法专利各类别专利授权量

资料来源：同表 5－1。

由此可知，“与融资方法”有关的金融商业方法专利是专利竞争的核心。

五、金融商业方法基础专利集中度很强

专利引证量是一项专利在后来的专利或非专利文献中被引证的总数。引证数量是专利技术影响力的标示量。如果一个专利多次被在后申请的专利大量引用，表明该项被引用的在先专利在该领域较为先进或较为基础。因此，引证率较高的专利技术很可能涉及的是该领域内的核心技术。通常情况下，拥有高被引次数专利的机构也比其竞争者或同行在技术上更领先，处于产业的强势地位。

表 5－5 显示的是专利引证次数最多的前 10 件专利。除仅一件专利为英国权利人外，其余均为美国权利人所支配。在这 10 件专利中，一半以上专利集中于 705/37 类，即“金融资产交易、匹配或投标方法”。这说明，大量金融商业方法专利都是以该类

专利为核心或为基础进行后续开发而来。这些基础专利被引证次数都非常高，其中有8件专利被引证次数达到200次以上，而专利引证次数最多的金融商业方法专利——“自动化定购和支付系统”，其引证次数高达299次。这说明金融商业方法基础专利集中度很强。

表5-5　基础专利被引证情况

专利号	专利名称	权利人	国别	美国专利分类	专利被引证次数
4947028	自动化定购和支付系统	Arbor International	美国	705/38	299
5557798	为数据交换提供减弱震波的装置和方法	Tibco	美国	705/35	280
4674044	自动化证券交易系统	Merrill Lynch	美国	705/37	276
5664115	为通过网络进行房地产或其他财产交易的买者和卖者提供匹配的交互式计算系统	个人	美国	705/37	244
5136501	匿名匹配系统	Reuters	英国	705/37	234
5383113	为客户提供账单支付、金融分析和贷款的电子化系统和方法	Check-Free	美国	705/38	215
5835896	处理和传输电子拍卖信息的方法和系统	Onsale	美国	705/37	213
4903201	自动化期货交易	World Energy Exchange	美国	705/37	207
4677552	国际日用商品交易	个人	美国	705/37	197
4346442	现金管理系统	Merrill Lynch	美国	705/36	196

资料来源：同表5-1。

六、金融机构在金融技术核心领域和金融创新中仍占据优势

通过对主要公司专利引证情况进行分析发现，尽管IBM公

司所拥有的金融商业方法专利的数量远远高于其他机构，但在该领域技术上处于强势地位的仍然是 Citigroup 和 Merrill Lynch 等美国大金融机构，而并不是非金融机构。

表 5－6　主要公司专利质量分析

机构名称	被引证专利数			
	50 次（包括 50）以上	20 次～50 次（包括 20）	10 次～20 次（包括 10 次）	合计
Citigroup	13	3	4	20
Merrill Lynch	6	6	3	15
IBM	1	7	7	15
Hitachi	0	6	2	8
Walker Digital	0	4	3	7
Fujitsu	2	2	1	5
First Data	1	2	2	5
NCR	0	1	4	5
Diebold	0	0	4	4
GE	0	3	0	3

资料来源：同表 5－1。

表 5－6 对主要金融商业方法专利权利人的基础专利进行了比较分析，可以看出，专利引证次数在 50 次以上的金融商业方法最多的机构是 Citigroup 和 Merrill Lynch，IBM 金融商业方法专利的拥有量虽然最多，但其专利引证次数在 50 次以上的仅仅只有 1 个专利。此外，Citigroup 有 20 件专利被引证次数在 10 次以上，而 IBM 总共只有 15 件。

表 5－7 进一步说明了美国金融机构在金融技术和金融创新中占据优势地位。表 5－8 显示的是 1990～2002 年主要的金融创新者和金融专利权人。其中 A 组是 1990～2002 年的主要金融创新者，B 组是同一时期主要金融商业方法专利权利人。可以看出，尽管 Hitachi、IBM 、NCR 等非金融机构的金融商业方法专利拥有量领先于金融机构，但主要的金融创新者却是 Merrill Lynch、

Citigroup、American Express 等美国大金融机构。

表 5－7 1990～2002 年主要金融创新者和专利权利人

A 组：创新者		B 组：专利权人	
公司名称	创新数量	公司名称	专利数量
Merrill Lynch	20	Hitachi	76
Citigroup	15	IBM	55
American Express	13	NCR	55
Citicorp	13	Citigroup	47
McFraw－Hill	13	Fujitsu	47
Charles Schwab Corp	11	AT&T	33
Dow Jones	10	Diebold	30
Morgan Stanley	10	Toshiba	23
Goldman Sachs	9	Merrill Lynch	18
Bear Stearns	8	First Data	14
IBM	8	Citicorp	13
Reuters Group	7	Microsoft	12
Bank of America	6	Xerox	12
Barclays	6	Electronic Data Systems	10
Chase Manhattan	6	Lucent	10
JP Morgan	6	Reuters Group	10
—	—	Unisys	10

资料来源：Lerner，The New New Financial Thing：The Origins of Financial Innovations（Citicorp 与 Travelers 在 1998 年合并，Citicorp 只包括 1998 年合并之前 Citicorp 的专利活动）。

第三节 基于专利组合视角的金融专利策略识别

以上主要分析了美国金融商业方法专利的一些基本特性，以下将根据金融企业专利组合进一步识别金融商业方法专利主要权利人的专利策略。为了识别企业专利策略行为，笔者在借鉴 Ernst（1998）关于企业专利组合识别的基础上，根据本研究实际研究需要对相关指标进行了修正。由于金融机构的专利活动需要专利申请量指标，而美国 USPTO 在线数据库并没有提供全面的专利申请情况，故本研究使用了 STN（The Scientific and Technical Information's Network International）数据库中 inpadocdb 专利数据库所提供的专利信息。笔者根据前文所分析的金融商业方法专利授权数，共识别了美国金融领域 17 个主要金融商业方法专利权利人（如表 5－8）。

一、专利策略分析

根据本研究需要所选取的指标主要有：

GP：专利授权数。

PA：专利活动。第 i 个公司的专利申请量 PF_i 与全部公司平均专利申请量的比率。即 $PA = PF_{i1}\frac{PF_1 + PF_2 + \cdots + PF_n}{n}$（$i = 1, 2\cdots n$）。

PQ 指专利质量。由专利引证率 CR 表示，是第 i 个公司所有授权专利被引证数 PC_i 与第 i 个公司的专利申请量 PF_i 的比率。即 $PQ = CR = PC_i/PF_i$。

根据计算，本研究所选取的 17 个金融商业方法专利权利人的专利活动、专利质量如表 5－8 所示。

根据表 5－8 的分析，笔者从专利质量和专利活动两个纬度对美国金融领域主要商业方法专利权利人的专利策略进行了识别。从图 5－9 可以看出，Merrill Lynch、Financial Engines、Electronic Data Systems、Priceline. com、Citigroup、Bank One、FOLIOfn 等公司专利申请质量普遍较高，特别是 Merrill Lynch 的金融商业方法专利质量占有明显优势。在专利活动方面，IBM、First Data、Walker Digital、Citigroup、GE、Accenture、Gold Sachs 则非常积极，可以看出这些企业在积极进行专利组合布局，并重视对专利的战略运用。此外，综合专利质量和专利活动两方面因素来看，Citigroup 在专利质量和专利活动两个方面均占有较强的优势。

表 5-8 基于不同专利显示指标的专利战略描述

公司名称	GP	PF_i	PC_i	PA	PQ（CR）
IBM	56	460	428	2.68	0.93
Citigroup	39	323	1 353	1.88	4.19
GE	36	283	150	1.65	0.53
Merrill Lynch	21	82	1 142	0.48	13.93
First Data	24	386	153	2.25	0.40
Walker Digital	18	337	187	1.97	0.55
Diebold	16	139	58	0.81	0.42
NCR	15	148	137	0.86	0.93
Bank One	10	45	116	0.26	2.58
Hewlett - Packard	13	72	15	0.42	0.21
Priceline. com	11	51	221	0.30	4.33
FOLIOfn	9	38	60	0.22	1.58
Gold Sachs	9	215	10	1.25	0.05
Electronic Data Systems	8	36	182	0.21	5.06
Accenture	8	244	63	1.42	0.26
FordMortor	8	14	5	0.08	0.36
Financial Engines	7	41	273	0.24	6.66

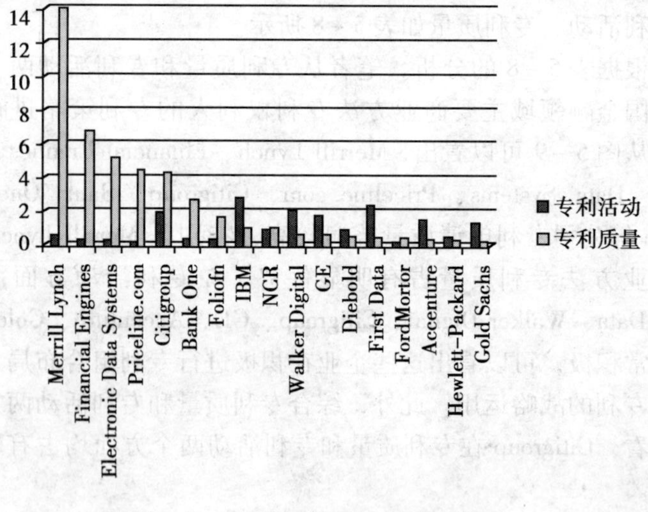

图 5-9 主要专利权利人的专利策略

综合以上分析，笔者进一步从专利组合的视角，从技术领导者、技术主要竞争者、专利活动积极者以及技术相对落后者等4个方面识别了样本企业的专利策略。相关专利策略可以用图5－10来表示。

图5－10 基于专利组合视角的金融商业方法专利策略识别

二、相对技术定位分析

本研究用于分析企业相对技术定位的指标RPP是该企业在该技术领域的专利授权数GP_i与该技术领域最积极竞争者专利授权数GP_m的比率。即$RPP = GP_i / GP_m$

通过以上分析，我们识别出Citigroup是美国金融领域的技术领导者，下面我们进一步分析该企业在相关技术领域的相对技术定位。

表5－9 技术领导者相对技术定位

技术类别	GP_i	GP_m	RPP
705/35	23	26	88.46% F
705/36	5	7	71.43% F
705/37	5	19	26.32% F
705/38	5	5	100% F
705/4	1	6	16.67% F

通过表 5 - 9 可以看出，金融商业方法专利的技术领导者 Citigroup 的技术优势主要在 705/38、705/35 以及 705/36。该结果显示，Citigroup 在信贷处理程序、融资方法以及证券组合选择、计划或分析方法等金融技术领域进行专利卡位，并实施积极的专利战略。

本章小结

专利信息分析为研究企业创新成果的产出提供了有用的分析工具。本章目的在于为金融商业方法专利领域的技术发展及竞争态势提供一个全面的图案。该研究分析了不同专利制度对金融企业专利活动的影响、金融商业方法专利特性、目前金融技术的发展趋势、主要技术竞争者以及专利活动者对专利策略的运用等。主要研究结论有：（1）金融机构已经开始纷纷构建专利组合；（2）个人权利人持有大量金融商业方法专利；（3）非金融机构纷纷在金融领域进行专利布局，给金融机构技术创新带来威胁；（4）金融商业方法基础专利集中度很强；（5）尽管非金融机构大量申请金融专利，但金融机构在金融创新中仍占据优势；（6）通过专利组合分析发现，美国金融企业已经开始积极实施专利战略，并构建自身竞争优势。

第六章　金融业专利获取动机研究

在前一章通过专利信息分析金融企业专利组合的基础上，我们需要进一步考虑金融企业为何会如此积极地申请专利，其申请专利的主要动机是什么。企业获取专利有着不同的专利动机。企业专利动机即企业出于何种目的申请专利。已有研究表明，企业专利动机因行业差异而存在很大的不同。商业方法可专利性的发展使得与网络有关的竞争企业开始显现出对专利的战略运用。美国日益增长的商业方法专利侵权案件就显示了一种新的专利战略倾向：即竞争者开始利用商业方法专利来阻碍竞争对手（Liotard，2005）。本章主要通过案例分析来研究金融企业获取专利的战略动机问题。

第一节　专利动机的理论分析

20世纪90年代，在美国、欧盟以及世界范围内专利申请快速增长。Kortum & Lerner（1998）实证研究发现美国企业每年申请专利的数量在急剧增加，但每年用于研发的资金并没有随之增加。他们将专利申请强度提高的原因主要归结为研发效率的提高。Bronwyn（2001）在Kortum的研究基础上，对半导体行业进行实证研究后认为，在当今技术竞争加剧、企业严重依赖其创新活动的产业环境里，企业更多的是从战略的角度来考虑构建更大的、自己拥有的、法律赋予的专利组合来降低外部专利拥有者可能构筑的“障碍”，增加交易砝码，以更优惠的条件来获得所需外部技术。因此，企业专利申请强度的提高是企业实施知识产权战略的结果。Blind et al.（2004）通过对德国的专利申请行为进行实证研究认为，企业的专利战略行为已经发生改变，与以往相比更加复杂，因此导致了专利申请的增加与扩散。

学者们对企业专利行为的讨论证实企业对专利的利用正在逐步增加，而且这种利用更多是出于战略动机的考虑。虽然近几年来，关于企业专利战略的问题越来越重要，但关于企业战略动机的实证研究还是非常有限（Arundel & Patel，2003）。

专利的核心动机是保护自己的产品不被模仿，如传统的专利动机。而企业最重要的战略动机就是阻碍竞争者，包括进攻性封锁和防御性封锁（Blind et al.，2006）。所谓进攻性封锁是指企业申请专利的目的是为了阻止其他企业在相同或相近的技术领域使用该发明。即使竞争对手并不能从使用该专利中获得直接的利益，也会防止其使用该技术。进攻性封锁意味着企业围绕自己的专利建立专利围墙，同时会在比实际技术发明所属的技术领域更广的范围内申请专利。防御性封锁是指企业申请专利的目的是为了防止因竞争对手申请专利而导致自己的技术空间范围减少。

除以上两种主要的专利动机以外，也有很多学者从更广的范围来研究企业的专利动机问题。这些动机包括：作为许可收入的来源、作为提高谈判地位的筹码、专利被用来作为评估和回报研发人员的显示器、扩展国际市场份额、企业荣誉或形象的展现、来自于其他企业专利行为的压力以及为了实施自己的专利标准等（Blind &Thumm，2004）。

在所有这些关于专利动机的研究中，最重要的动机是保护创新产品防止被模仿。通过 Arundel et al.（1995）的实证调查研究显示，80% F 的企业认为在其专利行为中防止被模仿的保护非常重要或特别重要。同时，研究中发现两个最重要的战略动机是提高企业的谈判地位或防止来自第三方的专利侵权诉讼。而许可收入、进入国外市场和内部 R&D 生产的评估则起着较小的作用。然而，当企业规模和研发密度增加时，企业的战略动机也会随之增加。通过行业之间的比较发现，在计算机和通讯行业，企业的谈判动机和防止第三方提起专利侵权的动机是最重要的，甚至高于防止被模仿的保护动机。同时，企业提高谈判地位的动机在电子部门也比在生产部门更为重要。

Cohen et al.（2002）等通过对美国、日本企业的专利动机进行比较后发现，在这两个国家，企业关于产品和方法的专利动机是一致的，包括：在进攻性封锁之前防止被模仿的保护、防御性封锁、加强谈判地位、获得许可收入以及作为内部执行能力的显示器。与 Arundel et al.（1995）的研究相比，提高谈判地位的动机并不太重要。

然而，Cohen et al.（2002）的最大贡献在于对不同行业企业专利动机差异的研究。作者把相关行业区分为“离散产品行业”（discrete product industries）和“复杂性技术行业”（complex product industries）。在“离散产品行业”里，当一种新产品进入时，其他市场参与者的专利并没有起到阻碍作用，或仅仅起着很小的作用。企业利用专利的目的主要是通过建立专利围墙进攻性地阻碍竞争对手，如防止竞争对手围绕自己的专利开发替代产品等。Roberts（1999）、Kash & Kingston（2001）对此也表达了相同的观点。而在“复杂性技术行业”，如电子技术、半导体或软件行业，一个产品的系统运行往往涉及上百甚至上千种产品，每种产品包含众多复杂的技术，而每种技术又涉及很多不同的专利，企业申请专利的数量非常庞大。在“复杂性技术行业”里，企业为了实现制造新产品或推动新技术的目的，就必须从其他许多拥有牵制性和互补性的厂商那里获得使用专利的许可，否则将不可避免面临专利侵权的困境，即我们通常所说的“专利丛林”现象。“专利丛林”的出现，使得企业专利动机从传统动机转变为战略动机，即从传统保护产品不被模仿的动机转变为把专利作为提高谈判地位的筹码或者进行相互间的交叉许可授权的动机。战略动机的出现，使得企业从以往单纯关注单个专利而逐渐转变为关注专利群和专利组合。因此，在“复杂性技术行业”

里，企业对于专利的战略运用要比一般的生产部门更为普遍。Reitzig（2004）通过对欧盟专利数据的研究更进一步支持了Cohen的研究结论。

通过以上分析，可以把企业专利获取策略动机概括如表6－1所示。

表6－1　企业专利获取策略动机

	企业专利战略	
传统动机	保护产品不被模仿	
战略动机	防御性使用	如保护自身垄断权
	进攻性使用	如诉讼威胁
	战略获利	如作为议价筹码、进行交叉许可、制定行业标准
	融资功能	如作为企业股票市场或其他财务金融方面的显示指标

从服务行业来看，德国最有名的科技评估机构之一——佛劳霍佛研究院（Fraunhofer Gesellschaft FhG）的系统工程与创新研究所（FhG-ISI）对欧洲服务行业的专利与创新情况进行了比较全面而系统的研究。由于与制造行业相比，服务行业创新数量相对更少，同时，服务行业的研发和创新数据也更难获取，因此，服务行业创新一直没有引起人们的关注与重视。但是，随着网络和信息技术的发展，这种情况正在改变，在服务行业，也涌现出越来越多的创新服务产品。对于这些服务企业来说，对于创新产品进行有效保护以收回其研发投资就显得尤其重要。FhG研究报告显示，在欧洲服务行业领域，对于创新产品最主要的知识产权保护方式是商标和商业秘密，专利目前所起的作用还比较有限（如图6－1）。

该研究报告主要关注两个问题：一是服务行业为什么不申请专利；二是服务行业申请专利的动机。对于企业申请专利的动机，FhG将服务行业申请专利的重要性排序为：防止被模仿、保

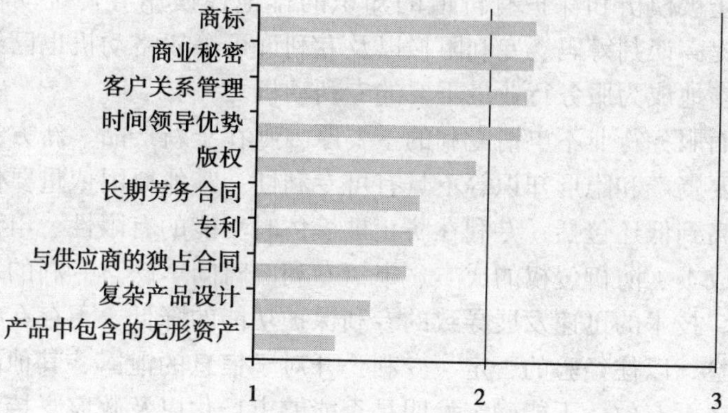

图6－1　服务行业不同保护手段的重要性程度

（1＝不重要 3＝非常重要）

资料来源：根据 FhG（2003）整理。

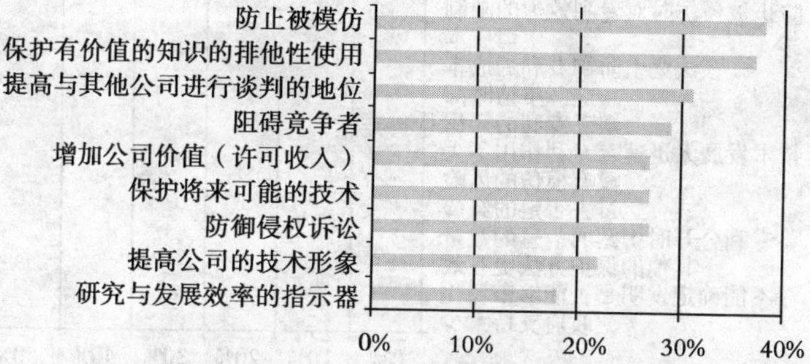

图6－2　服务行业申请专利的主要动机

（所占份额代表重要性程度）

资料来源：同图6－1。

护有价值的知识的排他性使用、提高与其他公司进行谈判时的地位、阻碍竞争者、增加公司价值、保护将来可能产生的技术、防御侵权诉讼、提高公司的技术形象以及作为企业研究与发展效率的指示器等9项动机（见图6－2）。可见，对于服务行业来说，除防止被模仿和保护有价值的知识的排他性使用等传统动机以外，提高谈判筹码、专利阻拦以及专利许可等战略动机也已经越来越多地成为服务行业最重要的专利动机之一。

而服务行业不申请专利的主要原因则在于新产品、新方法以及主要资产和隐形知识等不具有可专利性。其他原因依重要性程度由高到低还包括：专利在防止被模仿时功能的有限性、申请专利的成本、防御侵权的成本、申请专利的时间、缺乏专利的基本知识、技术的迅速发展导致的专利保护功能的降低、不存在模仿的风险、以往经验的否定、专利公开对于信息的泄露、其他的保护方法更有效、不能确定发明是否能够市场化以及政府支持太少等（见图6－3）。

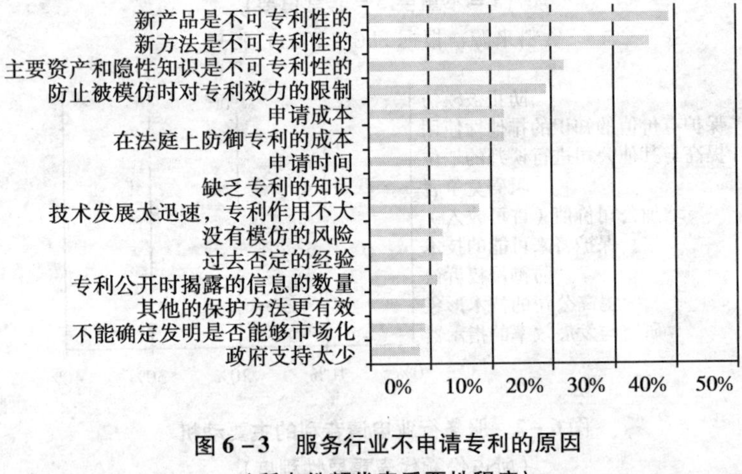

图6－3　服务行业不申请专利的原因
（所占份额代表重要性程度）

资料来源：同图6－1。

由于商业方法专利保护范围的限制以及金融行业的特殊性，使得金融行业对于商业方法专利的战略动机与其他行业存在不同之处。以下笔者将以美国金融领域发生的典型案例为研究对象，分析金融企业的专利获取动机。

第二节　研究方法与案例来源

对于研究企业战略的学者来说，最主要的挑战之一就是需要获取关于竞争对手企业的商业敏感信息。专利制度关于专利申请人在申请专利时必须公开其技术详细信息的要求为专利战略的研究学者提供了一个可以利用的研究途径。如在前一章节通过专利信息分析来研究金融企业的专利组合策略和企业竞争优势等。然而，Drahos（2001）认为，虽然专利的授权是公共信息，但是企业对于专利的实施和运用仍然是私人信息。因此，学者们对于专利战略运用方面的研究主要依赖基于管理者视角的问卷调查或访谈。这些研究包括 Macdonald（1997）对英国中小企业运用专利制度的调查。Granstrand（1999）对日本和瑞典研发密集型企业专利行为的实证研究；Tang & Adams（2001）、Tang & Pare（2002）对欧洲中小软件企业关于软件专利行为的调查；Thumm（2001）关于欧洲生物技术企业知识产权管理问题的研究等。

以上传统的对企业专利战略行为的研究方法能够产生非常详细并且非常重要的研究结果。如 Grandstrand（1999）通过研究，得出了企业专利获取策略的诸多战略意图，包括：特定的阻碍与回避设计（ad hoc blocking）、战略型专利搜索（strategic patent searching）、地毯/洪水专利（blanking/flooding）、专利围墙（fencing）、围绕式专利（surrounding）、专利组合（portfolio）等。

本研究对金融企业商业方法专利获取策略行为的探索性研究，利用了新的研究方法，即通过已经发生的金融专利诉讼案例来分析企业的战略动机。该研究方法与问卷和访谈相比，有两个比较明显的优势：（1）该研究使我们可以直接洞察超出管理者视角的企业实际战略行为；（2）该研究所用的相关数据和案例可以直接从公开可用的专利局网站或法律数据库获得，与问卷调查和访谈相比，所需资料来源更加便捷。

本部分案例研究均来自美国金融领域。本研究对于相关案例的研究主要采用以下几个步骤：

(1) 从 USPTO 专利数据库上识别美国授权的金融商业方法专利；

(2) 在 LEXIS-NEXIS 法律数据库检索授权金融商业方法专利的诉讼情况及案件申请情况；

(3) 在公开可以利用的网站上搜索相关案件的诉讼程序、新闻评论、行业报道等；

(4) 找出涉案专利诉讼的原因，根据专利战略相关理论，对有代表性的金融商业方法专利诉讼案例进行研究，深入分析其专利获取动机。

第三节 金融企业专利动机研究

通过以上研究方法，本研究选取的典型案例包括 Merrill Lynch 案、花旗案、eSpeed 案、DataTreasury 案以及 Katz 案。在这些典型案例中，与其他行业相比，金融企业的专利动机除了企业常用的防御性战略、进攻性战略、交易战略以外，在金融领域还出现了一种新的专利战略模式——“专利钓饵”战略，这种故意“被侵权”战略也将为金融行业及金融企业的战略行为带来重大影响。以下将对这些案例和诉讼策略作详细分析。

一、防御性专利战略

美林证券公司（Merrill Lynch，简称美林公司）在 20 世纪 70 年代末期推出现金管理账户（cash management account，简称 CMA）。CMA 是一种全新的资金管理账户，它将经纪账户、货币市场基金、支票账户和信用卡等多种金融功能融为一身，它的出现使美林公司从行业内的其他竞争者手中夺取了数量相当可观的市场份额，并由此引起了竞争者的不满，纷纷以 CMA 触犯了美国格拉斯－斯蒂格尔法案[1]为由提起诉讼。同时竞争者也提出做贸易的商业方法专利不能获得专利权，该专利应属无效。最初提起诉讼的是 Paine Webber 公司，Paine Webber v. Merrill Lynch 案[2]就是美国金融领域最早发生的与商业方法专利有关的案例，同时 Paine Webber 还要求国家必须出面禁止 CMA。

美林公司认识到该专利的巨大价值，并希望通过拥有该专利所赋予的垄断权占领 CMA 市场，获得竞争优势。出于该防御性战略考虑，美林公司把这种诉讼视为瞒骗未来竞争对手的一个大好机会。因为美林公司在开始设计 CMA 时，就已经考虑不能违反联邦证券法，所以其自身明白出台对 CMA 禁止政策的可能性很小，但美林公司在诉讼中却很少提到 CMA 其实根本没有违背证券法这一事实，而是巧妙地利用媒体，并通过媒体有选择性地发布信息。竞争对手们由于相信了媒体的信息，而没有自己去收集第一手资料。由于竞争对手对研发成本估计过高或对 CMA 成功的可能性估计过小，再加上 CMA 诸多诉讼案带来的不良影响，使得竞争对手对自己研发 CMA 信心不足。同时，竞争对手也不太可能在 CMA 的合法性还没确定之前，就开始进行相应产品的研发。美林公司有选择性地发布信息虽然可能会产生不良的诉讼影响，但却能有助于阻碍竞争者提供相似的产品，这种防御性的专利策略使得美林公司在利润丰厚的 CMA 市场上取得了整整 5 年的领导地位，[3] CMA 由此也成为美林公司最初的一种成功的资产积累方法。美林公司这种有选择性发布信息的专利策略就是一种保护自身创新产品不受模仿的防御性专利战略模式。

---

[1] 格拉斯－斯蒂格尔法案，Glass－Steagall Act，也称《1933 年银行法》。

[2] Paine，Webber，Jackson & Curtis，Inc. v. Merrill Lynch，Pierce 564F. Su. pp. 1358，1369（D. Del. 1983）.

[3] 詹森·A. 桑塔马利雅，文森特·马蒂诺著：《CEO 的海军陆战队》，刘胤之等译，中国社会科学出版社 2005 年版。

二、进攻性专利战略

专利权的获得有时并不意味着公众甚至专利权人自身都很清楚该专利权的范围，此时有些企业便会选择一个小公司或者一个新公司进行诉讼，通过法院判决以最终确定专利权保护范围。必要时，再对其他公司发动大规模竞争，也即“进攻性的诉讼威胁”策略。花旗银行在 1994 年 11 月底起诉位于美国弗吉尼亚州的 Online Resources & Communications 公司（简称 Online Resources 公司）一案中便使用了这一策略。

随着信息技术的发展，在 20 世纪 90 年代初，屏幕电话（Screen Phone，一种访问邮件、新闻、在线银行业务等的设备）和家庭银行在美国得到广泛运用。Online Resources 公司成立于 1992 年，当时只是一家从事家庭银行业务的小公司，但在成立之初，其便声称要成为为国家银行提供家庭银行服务的美国第一家庭银行服务公司，并已经拥有了国家银行的 100 万客户。花旗银行计划进入 Online Resources 公司所拥有的这个最大的市场。但在正式进入该市场之前，花旗银行在联邦法院起诉 Online Resources 公司的屏幕电话侵犯了其 3 项专利权，分别是 RE30，773、4，392，023 和 5，195，130，要求对方停止侵权，并给予 3 倍的损害赔偿。

通过分析该案发现，花旗银行在计划进入市场之前起诉竞争对手主要有两个目的：（1）挫败竞争对手的产品竞争优势。从当时情况来看，Online Resources 公司的电话售价不到 99 美元，而花旗银行的售价是 600 美元。[1] 单从价格而言，花旗银行没有任何竞争优势。因此花旗银行要与 Online Resources 公司在屏幕电话方面进行竞争非常困难。花旗银行认识到这一点，便对 On-

[1] Online banking fight. http：//www. washingtontechnology. com/news/9_ 18/news/9279 – 1. html.

line Resources 公司提起专利侵权诉讼，希望通过诉讼来挫败 Online Resources 公司计划与其他银行或金融机构进一步合作的机会。因为当时 Online Resources 公司正在向其他银行推广自己的业务，而花旗银行发动的诉讼则使得其他银行担心如果 Online Resources 公司在诉讼中败诉，他们还能否继续使用其产品，由此给 Online Resources 公司的业务推广带来了障碍。（2）检验自身专利的有效性。由于花旗银行的许多专利并没有真正实施，它通过起诉最小和最弱的竞争者，以检验自己专利的有效性，并在进入市场以后，起诉更多有竞争力的竞争者。

花旗银行的这种进攻性专利战略的主要目的在于通过诉讼遏制和威慑竞争对手。

三、交易战略

在很多软件专利诉讼中，权利人使用的专利可能并非由自己所创造，而是通过从其他公司购买核心专利，然后用该专利对竞争对手发起侵权诉讼并进行专利许可，从而获得许可收入。在美国金融领域，eSpeed 公司便是最先成功实施这种战略的金融公司之一。

eSpeed 公司经营全球最大的美国国债电子市场和金融证券市场。Susan Wagner 是美国期货交易委员会的前执行董事，其于 1990 年获得了专利号为 4903201 的专利权。该专利涉及自动化期货交易系统。通过该系统，可以使市场参与者即刻完成全球性交互式市场交易，远比传统交易方法有效率。Wagner 最初把该专利权转让给 Word Energy Exchange 公司，后该公司被 Electronic Trading Systems（简称 ETS）所兼并。ETS 根据所取得的 Wagner 专利权对 Chicago Mercantile Exchange（简称 CME）、Chicago Board of Trade（简称 CBOT）、New York Mercantile Exchange（简称 NYMEX）和 eSpeed 等公司提起了专利侵权诉讼。eSpeed 公司基于对当时公司业务及市场前景的综合分析，认识到该专利的巨大价值，经过与 ETS 和解，以支付 300 万美元为条件获得 Wagner 专利权，并从被告转为原告起诉 CME、CBOT 和 NYMEX。经过几年诉讼，eSpeed 与 3 家公司均达成许可协议：CME 和 CBOT 在 5 年内分别支付 1 500万美元许可费给 eSpeed。而 NYMEX 在 3 年内给付 eSpeed 公司 800 万美元专利许可费。此外，eSpeed 还与 Intercontinental Exchange（简称 ICE）签订了许可协议，ICE 除将在 5 年内每年支付 eSpeed 公司 200 万美元定期许可费以外，还需根据交易量交纳专利提成费。至此，涉及 eSpeed 购买的 Wagner 专利权的许可协议包括 CME 、CBOT、NYMEX 和 ICE，eSpeed 已经可获得至少 4 800万美元的专利许可费收入，❶ 远远高出其当时支付的 300 万美元的专利购买费。

eSpeed 公司的这种专利引进许可策略为其赚得了一笔可观的许可费收入，并进一步扩大了其在市场上的竞争优势。

四、“专利钓饵”战略的行为模式及经济影响研究

“专利钓饵”战略是近几年在金融领域出现的一种新的专利战略模式，并且这种战略的运用越来越普遍。以下将对这种金融专利新战略的概念、发生背景、行为模式及经济影响作详尽分析。

（一）“专利钓饵”的概念界定

“专利钓饵”是对专利权人的一种贬称。一般认为，“patent troll”一词出现于 20 世纪 90 年代末，由 Intel 的法律顾问Peter Detkin 提出，他描述为“某人设法通过专利获得大量的收入，但他们并没有从事业务，也没有从事业务的意图，并且在多数情况下从未从事任何业务”。❷ Reitzig（2007）把“专利钓饵”定义为：主要通过寻求许可或销售其专利技术给生产型的公司或个

❶ eSpeed and New York Mercantile Exchange reach settlement agreement on Wagner patent. http：//www. espeed. com/articles/article20031222. htm.

❷ Ferrill, E. Patent investment trusts：let's build a PIT to catch the patent trolls, North Carolina Journal of Law & Technology, 2005（6）: pp. 367 – 382.

人，当“专利钓饵”提出相关费用要求时，侵权行为通常已经发生，最后生产型公司在迫不得已的压力下与“专利钓饵”达成协议。“专利钓饵”与一般的专利许可人不同之处在于，“专利钓饵”一般是以突袭的方式对待“受害者”，并强迫侵权方接受意想不到的许可费。笔者对“专利钓饵”的定义是：“专利钓饵”本身不实施专利技术，即不从事利用其专利技术的生产和制造，也不提供利用其专利技术的服务，而是以低价购得或本公司研究开发的专利为武器，到处向实际从事生产制造或提供服务的经营者索讨专利使用费，若有不从，则以恶意侵权为由提起诉讼，并向被指控的企业索取巨额赔偿金。

“专利钓饵”有3个主要特征：（1）“专利钓饵”倾向于购买较过时的专利，这些专利可能已经被遗忘或被忽略，但在现代技术领域还发挥着作用。然后它们进攻性地利用这些专利来对抗相对较新技术领域的制造商或服务商。（2）绝大多数“专利钓饵”并没有实施专利技术的计划，它们通过专利许可来获得收入，并经常采用诉讼威胁的方式。（3）实施“专利钓饵”战略的一般是小公司或私人企业，而被告往往是多个大公司。

（二）美国金融领域的“专利钓饵”战略运用背景

1. 美国金融业对专利态度的转变

从1970年开始，美国就出现了金融产品的专利申请。美国最早发生的与金融业有关的商业方法专利案例——美林公司案判决后，美国金融业仍没有对专利引起足够重视。引起美国金融业对专利态度产生重大改变的是1998年7月CAFC对State Street Bank一案所作的判决。在该判决中，CAFC明确抛弃了“商业方法例外原则”。[1] 由于该案的判决是来自有很强政策影响力的CAFC，因此，对美国金融业所产生的震撼远远超过了美林公司

[1] 通常认为1908年Hotel Security Checking Co. V. Lorraine Co. 一案确认了“商业方法例外原则”。该案判决见160F. 467（2d Cir. 1908）。

案。该案判决以后，美国金融产品专利申请及授权数量迅速增加。

2.“专利钓饵”战略在金融业频繁运用的原因探析

“专利钓饵”战略之所以在金融业使用如此广泛，主要有3个方面的原因：

（1）金融业商业方法专利技术具有不同于其他一般行业专利技术的特点。商业方法专利是把计算机系统和网络媒介应用于经营活动，是传统商业方法与IT技术的结合体。由于金融机构的日常交易任务很多都需要通过计算机和网络来执行，因此，含有商业方法的金融贸易都很容易受到“专利钓饵”的攻击。此外，与一般机械方面的技术发明不同，商业方法涉及的相关技术比较零散，受保护的技术主题和应用这种技术的商业方法本身之间的关系不是很显而易见，并且很少会在出版物上清晰完整地出版和发表，因此要在法庭上提出商业方法专利无效的证据也非常困难。因此，对于从事金融业的企业来说，持有商业方法专利发明的“专利钓饵”公司，就具有特别的威胁。

（2）商业方法专利审查质量问题。自从美国放开商业方法专利保护以后，USPTO已经发布了大量商业方法专利。由于专利授权审查受到专利审查员素质、专利审查时间、专利文献的有限性等因素的限制，导致了专利授权质量不高和数量激增。“专利钓饵”动辄凭借这些“尚存疑问的专利”（questionable patent）来主张权利，威胁竞争对手。Lerner（2003）研究发现，美国金融领域已经出现了一群新的麻烦制造者：获得专利的个人发明人牵制（hold up）本行业里已经建立的公司。通常，这些个人所获得的专利都存在有效性的问题（dubious validity），而且具有过宽的权利要求。在已经发生的金融专利诉讼案件中，作为持有专利权的原告一方绝大多数是小公司和私人公司，而被告多是大金融机构和金融交易所。这些个人和私人公司正在利用专利制度的不完善，来获得并非高质量的金融专利，并利用这些专利进行诉讼和获得暴利。

（3）金融机构自身的原因。“专利钓饵”之所以在金融行业如此盛行，也与金融机构自身存在的问题有关。Bills 研究认为由于金融机构为了市场竞争的需要，不断使用更先进的技术，但对专利和与专利有关的诉讼问题却没有经验；金融机构有充足的资金，但却往往不愿意冒被法院判定侵权的风险等，这些因素导致了金融行业日益成为“专利钓饵”的重点攻击目标。

在美国金融领域运用“专利钓饵”战略的一个典型案例是 Data Treasury 公司。Data Treasury 公司是一家私人公司，它拥有 2 个涉及影像捕捉、集中处理以及文件及支票信息电子存储方面的专利，美国专利号分别为 5910988 和 6032137。2002 年，DataTreasury 起诉美国最大的银行之一 JP Morgan 专利侵权获得胜诉后，又继续针对美国其他银行展开专利侵权诉讼，目前起诉的对象已经达到 60 多个，包括 UBS，Citigroup，Wells Fargo ，Wachovia ，Bank of America 等大银行。通过专利诉讼，许多公司已经与 DataTreasury 达成和解，并得到 DataTreasury 授权使用该技术，目前该技术已经授权的对象包括 Diebold，Merrill Lynch，J. P. Morgan Chase，NetDeposit，Community Banking Systems，RDM Corporation，Groupe Ingenico 等。❶

另一个典型案例是 Katz 技术许可公司（Ronald A. Katz Technology Licensing，简称 Katz）。该公司专利组合起源于 1985 年和 1989 年申请的两个最初的专利，后发展为拥有超过 50 个涉及交互式语音呼叫中心的专利，这些专利技术可用于金融服务机构的通话处理和有价证券交易。1997 年，Katz 首先起诉 AT&T，控告后者侵犯其语音专利。经过 3 年的诉讼，AT&T 与 Katz 签订了专利许可协议，由此便打开了大量公司向 Katz 支付专利许可费的大门。2005 年，Katz 起诉 Citibank 专利侵权，尽管 Citibank 已经

❶ 见 http：//www. DataTreasury. com.

部署了大量专利组合，但仍无法对抗其专利，最终也与 Katz 签订了专利许可协议。Katz 的技术许可对象是呼叫中心的用户，按呼叫中心使用的时间进行收费，一般的大银行需要花费 1 000 ~ 4 000万美元获得专利技术许可，而小的联邦储备银行也需要支付 100 ~200 万美元。目前，Katz 已经与 150 多个公司签订了专利技术许可协议，包括 Citibank、Bank of America，Capital One，Wells Fargo，American Express，First Data 等美国大金融机构。许多机构为了降低专利许可费，甚至组成联盟共同与 Katz 进行谈判，以签订集体性许可协议。❶

（三）“专利钓饵”战略的行为模式分析

成功的“专利钓饵”经常采用相似的战略模式。（1）获得具有经济价值的专利权；（2）搜寻目标公司；（3）运用不对称的交易条件对目标公司进行许可（Mello，2006）。通过运用这些模式，“专利钓饵”实现其风险最小化、收入最大化的目标。

1. 获得有经济价值的专利权

对于“专利钓饵”来说，具有经济价值的专利权有 3 个方面的特征。（1）专利权必须存在于有其他贸易竞争者的技术领域，“专利钓饵”需要依赖这些竞争实体获得许可收入；（2）“专利钓饵”经常寻求更宽松的权利要求，以便于针对更多的目标公司，以增加其在法庭上胜诉的可能性；（3）“专利钓饵”必须以最低的成本获得专利权。

2. 选择专门类型的公司作为目标攻击的对象

“专利钓饵”对于目标公司是有选择性的，一般有两类：一类是无法承担诉讼成本或易受荣誉损失影响的公司。对于许多公司来说，诉讼成本太高，而对另外有些公司来说，诉讼的影响可能会限制公司吸引投资的能力。对于这两种类型的公司来说，与

❶ Bills，S. Patent lawsuit involving Citi seen having big implications. American Banker，July 27，2005：pp. 17 – 18.

"专利钓饵"在法庭上进行抗争本身就是一个障碍。因此，这些公司倾向于接受"专利钓饵"许可的技术。另外一类是如果败诉将无法支付损害赔偿金的公司。按照法律对专利侵权诉讼损害赔偿数额的规定，一般是将原告损失、被告获利和许可使用费倍数等3种方法作为确定专利侵权赔偿数额原则。在这个规则下，拥有大量实际获利收入和销售了大量具有潜在侵权产品风险的目标公司如果诉讼失败，将会遭受巨大损失。这类公司由于无法承担巨额的损害赔偿，而会选择与"专利钓饵"公司达成专利许可协议。

3. 运用不对称的议价力量进行专利许可

"专利钓饵"公司与目标公司相比具有优势议价力量，主要表现在两个方面：（1）在诉讼时，"专利钓饵"会有一个相对可以预期的财务风险；（2）"专利钓饵"公司自身不可能成为目标公司。当"专利钓饵"公司提起专利诉讼时，它面临很少的财务风险。其最坏的情况是损失律师费和失去专利权。最好的情况则可获得大量的损害赔偿。而且，"专利钓饵"公司还可能通过仅动用其最可靠的、最不可能被反诉无效的专利、或者低价获得的专利，来提起诉讼，从而减少其财务风险。

相反，目标公司几乎没有议价能力。因为"专利钓饵"公司并没有生产任何产品或从事任何服务，目标公司不能像一般的专利侵权案件一样提起反诉。此外，对于目标公司而言，专利诉讼很可能会导致商业秘密或其他敏感信息的泄漏。而对于"专利钓饵"公司来说，并没有竞争性或敏感性的竞争资料。在诉讼费用方面，"专利钓饵"也会有更少的花费，它们一般会通过风险代理的方式聘请律师处理案件。且在许多情况下，"专利钓饵"公司本身就拥有自己的专职律师。而对于目标公司来说，诉讼费用就是其非常重要的一个不利因素。因此，目标公司并没有与"专利钓饵"公司相抗衡的议价能力。

（四）“专利钓饵”战略的微观机理及经济影响研究

“专利钓饵”的存在有其特有的机制，同时也产生了经济方面的非效率现象：如对技术创新有不利影响、加剧了“专利丛林”现象等。然而作为一种专利权的实施方式，“专利钓饵”也存在一些促进效率的因素。

1.“专利钓饵”的存在机理

“专利钓饵”之所以存在，是因为他们的活动不仅是有利可图的，而且是合法的。Reitzig 等（2007）研究美国的“专利钓饵”行为发现，由于美国法院对专利损害赔偿额的计算规则存在问题，使“专利钓饵”更倾向于通过发动诉讼来获取高额利润。在很多专利侵权案件里面，与专利持有人与潜在侵权者之间通过谈判获得许可使用费相比，法院判定侵权赔偿的额度要高得多。这使“被侵权”（being infringed）成为“专利钓饵”一个更有利可图的选择。同时，由于一些技术领域的相关技术日益复杂，世界范围内的专利数量也日益增加，导致同时使用大量复杂新技术的金融机构对现有技术的监控更加困难，这也是“专利钓饵”的“被侵权”现象不断增加的重要原因。

此外，“专利钓饵”公司是通过起诉非故意（inadvertent）侵权者使其利润最大化。“专利钓饵”一般是尽量隐藏自己的专利，然后以突袭的方式对待“受害者”（victim），而被诉的侵权者往往是仓促应对“意外诉讼”（litigation surprises）。造成被告目标公司疏忽主要有 3 个方面的原因：（1）“潜水艇”专利（submarine patent）的存在。潜水艇专利是指，被提出专利申请后，在非公开状态下潜伏多年后才被授权的专利。这是由 USPTO 实行的“授权后才公开”的专利审查批准制度造成的。（2）由于专利申请数量的增多，目标公司对于专利监控有所减弱。（3）由于专利曾经是被非诉讼性的权利人所持有，被告自认为该专利权所有者不会对其进行诉讼；但后来由于情况变化造成该专利权利主体改变，如由于权利人破产，或该专利被许可给了

“专利钓饵”公司，或专利所有人把其经营模式从生产服务型改变为“钓饵”型，这些都会造成被告受到“意外诉讼”。第一种原因是美国所特有的现象，而后面的两种原因则解释了在美国之外“专利钓饵”活动的增加的现象。

2. 对技术创新的非效率

“专利钓饵”运用“尚存疑问的专利”或者“有缺陷的专利”发动诉讼会带来高昂的社会成本。如：(1)“专利钓饵”通过许可“有缺陷的专利”获得许可使用费，会导致被许可方的产品成本增加，最终损害消费者利益；(2)“专利钓饵”的竞争对手可能因担心侵权而放弃相关研究开发活动，抑制了创新；(3) 竞争对手本来可以直接使用该“专利”技术，现在不得不避开该专利而进行避免侵权的替代研究和设计活动，这也产生了极大的浪费；(4) 风险资本可能会选择投资于利用“有缺陷的专利”而起家的公司，这就减少了那些有价值的发明创新的开发者的资金来源；(5) 由于“专利权”的存在，可能使得没有可替代的产品来与其竞争，从而产生垄断价格；(6) 专利申请和审查资源的浪费，以及后续的法院裁决带来的高昂诉讼成本等。❶

美国国家学术研究委员会认为“专利钓饵”对于技术创新和竞争至少有4个方面的不利影响：(1) 与促进真正创新的动机相反，创新价值不高的专利可能会被一些企业作为一种竞争性武器，限制创新、扰乱市场；(2) 价值不高的专利可能会鼓励更多的侵权诉讼行为，增加交易成本；(3) 在某一技术领域里，低质量专利的增多会使技术变得复杂，增加了许可或避免侵权的成本；(4) 对于先前已经发布专利的不确定性可能会阻碍创新投资。❷

---

❶ 张伟君：“滥用专利权与滥用专利制度之辨析——从日本‘专利滥用’的理论与实践谈起”载《知识产权》，2006年第6期。

❷ Barker, D. Troll or no troll? Policing patent usage with an open post - grant review. Duke Law & Technology Review, 2005 (9): pp. 9 - 21.

3. 加剧了“专利丛林”现象

Shapiro（2001）用“专利丛林”概念来描述现代企业特别是技术密集型企业在技术开发过程中所遇到的技术和法律障碍。“专利丛林”的问题形成了“反公地悲剧”。在“专利丛林”里，如果对相同的技术有不同的专利权相互牵制，就会导致许可成本增加，该技术就会处于未被充分利用的状态。为了减轻“专利丛林”现象和由于“专利丛林”所带来的不利影响，企业纷纷构建自己的专利组合，通过相互间的交叉许可来避免成本高昂的侵权诉讼。

在涉及商业方法专利的计算机硬件和软件领域，企业需要几十个、几百个甚至几千个专利才能制造一个产品，这就导致了“专利丛林”的产生。“专利钓饵”公司由于其并不生产产品，不存在被其他企业提起反诉的可能，因此，“专利钓饵”和目标公司不可能通过专利技术的交叉许可来进行和解。因此，“专利钓饵”一般不会受到目标公司专利组合和反诉威胁的影响。若专利诉讼的一方是“专利钓饵”公司，会进一步增加专利许可的困难，从而加剧“专利丛林”的形成。

4. “专利钓饵”的微观价值

“专利钓饵”的微观价值是在不考虑专利的低质量和“专利丛林”这两个问题的前提下，对“专利钓饵”在专利实施许可中起到的事实上的中介方的积极作用来进行考虑的。其微观价值主要表现为：（1）与一般的并没有提出真正诉讼威胁的发明人不同，“专利钓饵”由于有充足的资金支持诉讼，因此创造了可信的诉讼威胁；（2）通过调整交易，使专利变得更容易买卖，增加了专利技术在市场的流动性；（3）“专利钓饵”同时扮演专利市场买者和卖者的角色，整合了风险和价格，减少了市场摩擦，建立了保证市场供求平衡的价格；（4）在前3项价值基础之上，这种纯粹的专利交易形式由于纯专利交易的利益超过了成本，因此促进了卡尔多－希克斯效率（Kaldor-Hicks efficiency）[1] 的提高。

（五）对策与建议

以上主要分析了美国金融领域的“专利钓饵”现象。事实上，“专利钓饵”现象在美国之外的地区如欧盟也已经出现。由于中国对于商业方法专利规定了更为严格的授权条件，因此目前在中国，被授权的金融领域商业方法专利还很少。加上我国诉讼环境还不太成熟和完善，与美国相比，我国对于“专利钓饵”的吸引力较小。随着我国金融市场的开放，国外金融机构已经在我国开始积极申请商业方法专利，“专利钓饵”现象不可避免也会在我国金融领域出现。了解“专利钓饵”所使用的专利战略模式是我国金融企业采取有效对策的关键。

1. 进行风险管理

“专利钓饵”改变了传统构建专利组合的基本原理。他们获得专利并不是为了制造、使用或销售新的产品和技术，而仅仅是强迫第三方购买许可证。由于“专利钓饵”并没有达成贸易和解的动机，所以目标公司通常只有两个选择：支付使用费或应对诉讼。对于目标公司来说，有时也很难作出决策。因此金融企业在日常经营中应该做好风险管理：（1）明确自身技术。注意跟踪自身所使用技术的发展情况及所有商业方法软件的来源，包括何时开始使用及具体使用情况。（2）进行侵权评估。如果收到一封声称本公司侵犯专利权的警告信件，首先需要对该专利进行一个内部评估，看被指侵权的技术是否真正落入他人专利权利要求范围之内。（3）加强专利监控。由于“专利钓饵”一般会尽量隐藏自己的专利，等到目标公司非法使用并获利以后，才会索取专利使用费，或进而提起专利侵权诉讼。因此企业应该加强专利监控方面的投入，避免构成侵权。

[1] 卡尔多—希克斯效率认为，只要某一交易对第三方的总损失不超过交易的总收益，该交易就是有效率的。

2. 与第三方卖主进行密切的评估和谈判

对于金融企业来说，许多商业方法软件专利是从第三方购买的。对于一些重要的软件系统，金融企业应该与卖主进行仔细的评估以降低成为“专利钓饵”攻击的受害者的风险。在与第三方的软件购买或使用许可合同中，金融企业应该与出让方明确责任条款，如果构成对他人的专利等知识产权侵权，应由谁承担侵权责任。例如，卖主必须保证其所许可的技术并没有侵犯别人的知识产权；如果发生侵权，应该由卖主承担损害赔偿责任等。此外，合同还应该包括补充条款，如在合同到期之后，仍然由卖主承担可能发生的侵权责任。虽然从第三方获得技术许可有一定的优势，但由于多数金融企业不可能从第三方购买到所需要的每一项技术因此作为防御“专利钓饵”的措施，所起的作用相比其他策略而言比较有限。

3. 与其他的目标公司联合对抗“专利钓饵”

如果金融公司收到来自“专利钓饵”公司的信件，通常其竞争公司也可能会收到类似的信件。“专利钓饵”的主要目的是进行专利许可，一般其所要求的许可费要低于目标公司将要发生的诉讼费。因此，许多目标公司会选择经济效率的解决方法，宁愿选择付许可费给“专利钓饵”公司，而不愿发生诉讼成本。事实上，对金融企业来说，如果能够与本行业里的其他目标公司进行联合，组成防御联盟，共同对抗“专利钓饵”，则可以减少与“专利钓饵”公司进行诉讼的法律成本。通过联合一致，金融公司不仅能够表明他们不会受“专利钓饵”的威胁，为他们实际并没有侵权的专利、或为那些存在缺陷的或有效性尚存在质疑的专利支付许可费，而且也可以节省由于单独诉讼所可能发生的诉讼成本。

4. 适当的时候选择诉讼

“专利钓饵”的目标就是行业里那些最容易获得的资产，通过起诉被告专利侵权来实现，并希望能够快速解决。对“专利钓饵”

最好的防御就是进行进攻性的防御。如果金融企业在其贸易领域很容易受到“专利钓饵”的攻击，付费可能就不是明智的做法。因为这很可能形成一个容易妥协的印象，只会导致更多的麻烦。因此在法庭上进行对抗花费一些法律成本是值得的。虽然“专利钓饵”通过诉讼能够从被告侵权者那里获取收入，但被告侵权者也能够从诉讼中获得一些间接利益。例如，通过诉讼可以更明确“专利钓饵”公司所持专利的权利范围，在法庭判决确定权利范围以后，目标公司围绕该专利开发外围设计将更加容易。此外，通过诉讼，目标公司还可以获得“专利钓饵”所持有的专利权的有效性和实施方面的重要信息。这些信息可以增加评估该诉讼威胁的准确性。同时，目标公司也可以通过该信息认识自己在该案中的实力，从而为自己争取一个更有利的和解价格。

本章小结

本章首先根据企业专利战略的一般理论，概括出专利保护、战略获利和融资功能等 3 种主要的专利战略模式。通过对金融领域的典型案例进行分析发现，在金融领域，企业的专利实施策略模式除了传统的战略防御、进攻性的诉讼威胁以及通过许可进行战略性获利以外，还出现了一种不同于其他行业的新的专利战略模式——“专利钓饵”战略。“专利钓饵”战略从表面上看与专利许可战略似乎有相似之处，因为其最终目的都是进行专利许可，但实际上两者在当事人、行为目的、行为模式以及行为后果等方面均存在根本的差异。这种专利战略实际上就是把故意“被侵权”作为一种专利战略模式，以达到实现其专利许可的目的。以上研究显示，金融行业的专利比其他行业更可能遭受专利诉讼。在诉讼中，金融企业更多是作为被告。“专利钓饵”现象在金融行业的出现表明：在金融行业等涉及计算机软件的复杂性技术行业，企业申请专利的主要动机是用于许可、交叉许可以及作为提高谈判地位的筹码。

第七章 金融业专利诉讼策略研究

通过前一章企业专利动机的分析发现，金融企业的专利诉讼有着不同的诉讼动机。专利诉讼反映了企业之间的竞争和冲突。Lerner（2006）通过对美国1976~2005年间发生的金融专利诉讼研究显示，金融机构正日益受到专利诉讼的困扰，金融专利遭受专利诉讼的可能性是非金融专利的27倍之多。

专利诉讼反映了企业之间的研发竞争和冲突，在面对其他专利的挑战和侵权时，企业将面临是对通过协商进行和解还是通过法院诉讼来解决侵权问题的选择。专利诉讼已成为企业实施专利权的重要战略工具（Lanjouw & Schankerman，2001；Somaya，2002）。目前关于专利诉讼行为影响因素的研究集中于专利价值和专利公开。Lanjouw & Schankerman（2001），Cremers（2004）认为，专利价值是企业实施专利诉讼行为的重要影响因素，Priest & Klein（1984）也持此观点。在专利公开方面，Nerkar（2007）认为，已经公开存在的现有技术更可能导致专利侵权行为发生。不过，Harhoff & Reitzig（2004）发现专利公开与诉讼行为并没有显著的相关性，Lanjouw & Schankerman（2003）实证研究发现专利公开与专利诉讼行为呈负相关，而Cremers（2006）则发现专利公开与专利诉讼概率呈正相关。关于专利公开对专利诉讼行为的影响学界观点并不一致。由此，一个值得进一步关注的问题是，专利公开与专利价值会不会影响专利诉讼行为？专利公开对专利诉讼行为的影响会不会因专利价值不同而有所差异？有鉴于此，本研究以美国金融机构为研究对象，从专利本身的特性，即专利价值和专利公开程度两个方面入手，通过实证分析来考察金融领域高诉讼活动的原因以及金融企业对于商业方法专利诉讼的战略运用。相对而言，我国金融机构对商业方法专利及其诉讼行为还远未给予足够重视。在金融全球化背景下，本章关于美国金融商业方法专利诉讼行为的研究结果，可为我国金融企业充分应对国际金融竞争和挑战、制定金融业商业方法专利诉讼及反诉讼策略提供可资借鉴的经验。

第一节 理论基础与研究假设

已有关于专利诉讼的实证研究显示专利诉讼已经成为企业实施其专利权的一种重要战略工具（Lanjouw & Schankerman，2001；Somaya，2002）。当潜在的侵权行为发生后，专利权人通常面临两个选择：达成法庭之外的和解协议；专利权利人行使法律权利，通过法律诉讼解决侵权问题。诉讼结果一般存在两种情形：专利无效或侵权成立，如图 7－1 所示。

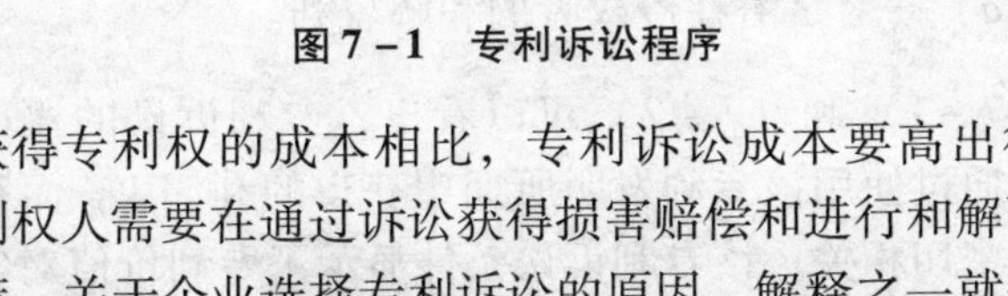

图 7－1 专利诉讼程序

与获得专利权的成本相比，专利诉讼成本要高出很多。因此，专利权人需要在通过诉讼获得损害赔偿和进行和解两者之间进行决策。关于企业选择专利诉讼的原因，解释之一就是专利诉讼收益大于专利诉讼成本，即如果当事方预期的通过法律诉讼所获得的净收益大于或至少等于所预期的和解收益，当事人更倾向于选择诉讼。Cremers（2004）将专利权利人和被诉侵权者选择专利诉讼行为的条件表示为：

$$P_{pl}[V+D(V)]+(1-a)\left[\frac{\delta}{2}V-C(V)\right]\geqslant(1+a)\frac{\delta}{2}V$$

专利权人　　(7－1)

$$-P_{i}[D(V)+C(V)]+(1-P_{i})\left[\frac{\delta}{2}V-C(V)\right]\geqslant(1-a)\frac{\delta}{2}V$$

侵权人　　(7－2)

双方对于诉讼概率的期望是原告（专利权人）在获取胜诉方面占据优势。P_{pl}和P_{i}分别代表专利权利人和侵权者的期望概率。在专利权人获胜的情况下，其可以从该专利中获得价值V和损害赔偿费$D(V)$。其中V表示专利权人仅仅通过使用该专利所获得的收益（不包括专利被侵权和通过专利许可所产生的价值）。$1-P_{pl}$是法院不支持专利权人的概率，此时，专利权人必须支付自身和胜诉被告方的法律费用。在这种情况下，该专利发明就不再只有一个企业使用，因此，行业利润就会降低，δ代表行业利润所降低的程度。

（7－1）和（7－2）不等式右侧分别表示专利权人和侵权者的和解盈利。为避免侵权诉讼，原告将通过专利许可的方式以许可费α允许竞争者使用该发明专利，从而获得许可收入，该许可费将使专利权人的利润提高。在专利权人获得许可费的同时，竞争者也必须放弃一定的利润份额，故a也表示竞争者的利润损失。$(1-a)\frac{\delta}{2}V$是潜在侵权者的和解盈利。

从（7－1）和（7－2）可以看出，专利诉讼的概率取决于当事双方通过使用该专利发明所期望获得的利润V。而利润V与专利价值密切相关。该专利诉讼条件显示了专利价值对实施专利诉讼行为的动机具有积极的影响（Priest & Klein，1984；Lanjouw & Schankerman，2001；Cremers，2004）。专利价值的增加直接导致专利权人和侵权者宁愿通过法律而不愿通过和解来解决专利争议。此外，专利价值的增加也提高了专利侵权的概率，从而也导致了更高的诉讼率。因此，笔者建立如下假设：

假设 H1：专利价值越高，专利诉讼可能性越大。

专利权是国家授予专利权人在一定期限内的法定垄断权。作为获得该垄断权的对价，发明人需要公开其申请专利的技术发明。专利的公开通常需要包括创新发明的技术细节以及该发明所基于的专利技术和非专利技术方面的参考文献。因此，专利的公开制度是“双刃剑”，一方面，通过授予发明人专利垄断权，可以激励发明人公开其专利，从而促进其他研发人员在此基础上进一步创新。另一方面，专利的公开也有可能导致模仿或侵权行为。

一项发明专利的公开内容主要包括创新产品的技术细节以及该创新产品的创新基础。专利技术的公开可能导致专利在 3 个方面被侵权：（1）专利技术的公开为重新组合的创新产品与现有技术之间提供了联系。通过研究该专利所提供的现有技术，其他企业就可能重新组合现有技术而模仿该发明，从而导致侵权和诉讼行为；（2）专利技术的公开也显示了其他企业在该专利技术所属的技术领域活动积极。相关技术领域的拥挤也可能导致专利侵权和诉讼行为；（3）已经公开存在的现有技术更可能是其他企业防御性专利组合的一部分，这部分专利也更容易导致专利侵权（Nerkar，2007）。此外，专利公开也可能降低专利诉讼概率。因为公开的专利为受保护的专利发明划定了边界，所以在该技术领域活动积极的企业就会仔细考虑自己的技术活动范围，以避免专利侵权。

在各个技术领域关于专利公开对诉讼行为的影响并没有得出完全一致的结论。Harhoff & Reitzig（2004）通过对 EPO 专利申请的实证研究，发现专利公开与诉讼行为并没有显著的相关性。Lanjouw & Schankerman（2003）通过对美国专利数据的实证研究发现，专利公开与专利诉讼行为呈负相关。Cremers（2006）通过对德国专利诉讼行为研究发现，专利公开与专利诉讼概率呈正相关。然而有关商业方法专利领域有限的研究却得出了比较一致的结论：Lerner（2006）通过对金融专利诉讼行为的研究发现，专利对于现有技术的引证与专利诉讼行为呈正相关。而 Nerkar（2007）通过对美国所有领域的商业方法专利实证研究，也进一步支持了 Lerner（2006）。故笔者得出如下假设：

假设 H2：专利公开越多，专利诉讼的可能性越大。

第二节　样本选择与数据来源

本研究所用案例数据和专利信息数据主要来自于以下途径：（1）USPTO 网站所提供的金融商业方法专利授权情况。笔者根据 USPTO 专利数据，共检索了 1977～2006 年间共 1 888 件金融商业方法授权专利数据；（2）LEXIS-NEXIS 数据库提供的美国金融商业方法专利无效和专利侵权案例。通过 LEXIS-NEXIS 数据库，识别所检索到的 1 888 件金融商业方法专利中每一件专利的诉讼情况，看是否涉及诉讼以及涉案情况。通过核查该 1 888 件专利发现，总共有 133 件金融商业方法专利涉及诉讼；（3）STN（The Scientific and Technical Information's Network International）专利数据库提供的专利信息。诉讼专利样本概况如表 7－1 所示。

表 7－1　诉讼专利样本概况

	技术类别	涉案数量（件）	所占比例
705/35	融资方法	64	48.12% F
705/36	证券组合选择、计划或分析方法	13	9.77% F
705/37	金融资产交易、匹配或投标方法	31	23.31% F
705/38	信贷处理程序	11	8.27% F
705/4	保险相关的方法	14	10.53% F

为研究专利价值和专利公开对金融商业方法专利诉讼行为的影响，笔者按照一对一的匹配方法，从 1 888 件金融商业方法专

利中未诉讼的1 755件专利中选取133件作为控制组。为了减少由于专利匹配选择可能带来的误差，本研究主要遵循以下3个标准选择与诉讼专利匹配的未诉讼专利样本：（1）每一件诉讼和未诉讼专利属于同一个技术类别；（2）每一件诉讼和未诉讼专利授权时间均在同一年限；（3）专利权利人规模大致相同。

第三节　经验模型与研究变量

笔者构建如式（7－3）的Probit经验回归模型以检验假设：

$$LIT=\beta_0+\beta_1 b_2 VAI+\beta_2 K_j DIS+\varepsilon \qquad (7-3)$$

其中；$b_i=0，1\ (i=1，2，3)$；$K_j=0，1\ (j=1，2)$

模型中各变量含义如下：

（1）被解释变量。本研究将金融专利诉讼的概率看做是被解释变量，将其定义为一个二元定性变量，用LIT表示，当诉讼行为发生时，LIT定义为1；当诉讼不发生时则定义为0。

（2）解释变量。作为测试变量的VAL是专利价值的统称，参考Lanjouw & Schankerman（2001），Reitzig（2003），Reitzig（2004），Harhoff、Scherer &Vopel（2003），Harhoff & Reitzig（2004），Cremers（2006）等的文献分别采用以下指标作为专利价值的代理变量：专利被引证量（FOC，也称为向前引证）、权利要求数量（ClA）、专利家族数量（PAF）。DIS为专利技术公开程度的统称，笔者参考Lerner（2006），Nerkar（2007）等的文献，将该专利的引证数量（也称为向后引证），如专利文献（PPA）和非专利文献（APA），作为专利技术公开程度（DIS）的代理变量。

（3）模型检验。检验分析采用统计数据分析软件STATA 10.0。当$b_i=1$，$K_j=0$时，检验专利价值对于诉讼行为的影响，即假设 H1。由于在模型中关于 VAL 有 3 个衡量指标（专利被引证量、权利要求数和专利家族数），所以在一次回归中只令 b_i 取值为 1（$b_1=1$，$b_2=b_3=0$，以此类推）。当 $b_i=0$，$k_j=1$ 时，检验专利公开对于诉讼行为的影响，即假设 H2。由于在模型中 DIS 有两个衡量指标，即专利所引证的专利技术文献和非专利技术文献，因此在一次回归中只令 K_j 取值为 1（$K_1=1$，$K_2=0$ 以此类推）。当 $b_i=1$，$K_j=1$ 时，检验专利价值和专利公开共同对于诉讼行为的影响，即同时检验 H1、H2，此时令所有 b_i 和 K_j 的取值为 1。如此共形成 6 个回归。

经验模型中各变量定义如表 7-2 所示。

表 7-2　变量定义

变量			定义
因变量	LIT		专利诉讼
自变量	专利价值（VAL）	FOC	专利被引证数
		CLA	专利权利要求
		PAF	专利家族
	专利公开程度（DIS）	PPA	该专利引证的专利技术文献
		APA	该专利引证的非专利技术文献

第四节　实证检验与结果分析

一、描述性统计

表 7-3 列出了各测试变量均值、标准差。采用 Wilcoxon 符号秩检验比较中值差异。对比数据显示诉讼专利与非诉讼专利在专利价值和专利公开程度方面均存在明显的差异。诉讼样本的专利被引证数、权利要求数、专利家族数以及对现有专利技术和非专利技术的引证在统计上均显著高与非诉讼专利。描述性统计结

果与假设 H1 和 H2 一致。

表 7-3 诉讼专利与非诉讼专利有关指标的描述性统计

变量	全部样本		诉讼样本		未诉讼样本		Wilcoxon 检验 Z 值
	Mean	Std. Dev.	Mean	Std. Dev.	Mean	Std. Dev.	
FOC	25.1391	37.41324	32.24812	45.60542	18.03008	25.06807	-2.009 **
CLA	29.17293	28.63235	35.54887	36.12656	22.79699	16.08677	-3.431 ***
PAF	12.95489	21.90886	17.88722	25.68034	8.022556	15.97274	-4.356 ***
PPA	21.43233	18.77848	26.78195	20.70512	16.08271	14.88493	-4.785 ***
APA	9.902256	17.70593	12.78195	22.06991	7.022556	11.20637	-2.842 ***
Obs.	266	133	133	—	—	—	—

二、回归结果

回归结果分别示于表 7-4。对于假设 H1，FOC、CLA 以及 PAF 的回归系数都表明专利质量与诉讼呈显著的正相关，且都在 1% F 的水平上显著。这说明专利价值的提高增加了诉讼的可能性。对于假设 H2，PPA 和 APA 分别在 1% F 和 5% F 的水平上显著正相关。这表明专利公开的越多，专利诉讼的可能性越大，证实了假设 H2。此外，从全部变量的回归模型（6）来看，专利被引证量、专利权利要求以及对现有专利文献的引证量系数非常显著，但专利家族系数的显著性有所降低，而专利所引证的学术文献等非专利文献则不再显著。这说明，在专利价值对诉讼行为的影响中，专利被引证情况以及专利权利要求数比专利家族数更重要，在专利公开对诉讼行为的影响中，该专利对现有专利技术文献引证的重要性要高于所引证的非专利技术文献。

表 7-4　专利诉讼概率 Probit 回归结果

变量	假设	预期符号	回归（1）	回归（2）	回归（3）	回归（4）	回归（5）	回归（6）
常数	NO	NO	-.1742 * (.0948)	-.4113 *** (.1315)	-.1817 ** (.0913)	-.4348 *** (.1211)	-.1421 (.0935)	-1.0123 *** (.1762)
FOC	H1	+	.0073 *** (.0024)	—	—	—	—	.0085 *** (.0025)
CLA	H1	+	—	.0148 *** (.0040)	—	—	—	.0113 *** (.0042)
PAF	H1	+	—	—	.0149 *** (.0042)	—	—	.0082 * (.0047)
PPA	H2	+	—	—	—	.0208 *** (.0045)	—	.0173 *** (.0055)
APA	H2	+	—	—	—	—	.0153 ** (.0060)	.0037 (.0065)

注：*、**、***分别表示其显著性水平为 10% F，5% F，1% F。括号里面的数值为标准误差。

三、进一步分析

为进一步研究专利公开对金融商业方法专利诉讼活动的影响，本研究把所有样本划分为高质量样本组[1]与低质量样本组：首先对样本中的每件专利的 FOC、CLA、PAF 三者之和取平均值，计算出每件样本的平均专利质量；然后对所有样本平均专利质量再取平均值，得出全部样本的平均质量。高于全部样本平均质量的为高质量样本，低于全部样本平均质量的为低质量样本。按此方法得出的高质量专利样本为 86 件，低质量专利样本为 180 件。以此两组样本分别回归的结果见表 7-5。

表 7-5 的数据显示，在专利质量高的情况下（Panel A），

[1] 通常情况下，专利价值（patent value）和专利质量（patent quality）含义相同。从目前国外学者研究来看，也并没有对两者作出明确区分。为表述需要，本文所采用的专利价值和专利质量为同义语。

PPA与APA的系数均为正，与假设H2相同。PPA在10% F的水平弱显著，APA的系数不显著。在完整模型中，PPA与APA的系数均不显著。在低质量样本中（Panel B），PPA在1% F的水平显著正相关，APA对诉讼行为没有影响。在完整模型中，PPA仍然显著为正，并且系数的绝对值增大，而APA系数为负，但并没有影响。通过Panel A和Panel B可以看出，在高质量和低质量专利样本中，APA对诉讼行为均没有影响，而PPA在低质量样本中对诉讼行为的影响要显著高于高质量样本。这说明，专利引证的现有专利技术文献对金融商业方法专利诉讼行为的影响，在专利质量低的情况下更为明显。当专利质量较低时，公开的专利技术文献越多，金融商业方法专利诉讼的可能性越大。这可能是因为，专利的公开可以使得竞争者更加清楚了解该专利。在专利价值较低时，如果专利文献公开增加，竞争者通过分析公开的专利技术文献，认为该专利价值不高，即使侵权，所导致的损害赔偿可能也不会太多，则会增加对该专利的侵权行为，从而导致诉讼增加。

四、由专利权利人提起诉讼的分析

笔者注意到，133件诉讼金融商业方法专利，包括了由专利权利人和非专利权利人提起的诉讼行为。本研究通过对全部133件诉讼专利样本分析发现，共有103件专利样本是由专利权利人提起诉讼，占全部诉讼样本的77.4% F；另外30件专利样本则是由非专利权人提起，占全部样本的22.6% F。为进一步检验假设的稳健性及分析金融商业方法专利诉讼来源问题，在此对仅由专利权利人提起的诉讼进行分析。

表 7 -5　专利公开对诉讼概率影响的回归结果

Panel A：高质量样本组　　N = 86

变量	假设	预期符号	回归（1）	回归（2）	回归（3）
常数	NO	NO	.2363 (.2309)	.3635 * (.1944)	.1722 (.2448)
PPA	H2	+	.0141 * (.0076)	—	.0103 (.0082)
APA	H2	+	—	.0211 (.0141)	.0082 (.0147)

PanelB：低质量样本组　　N = 180

变量	假设	预期符号	回归（1）	回归（2）	回归（3）
常数	NO	NO	-.6652 *** (.1479)	-.3539 *** (.1122)	-.6633 *** (.1483)
PPA	H2	+	.0206 *** (.0059)	—	.0211 *** (.0065)
APA	H2	+	—	.0105 (.0073)	-.0013 (.0080)

注：*、**、***分别表示其显著性水平为10% F，5% F，1% F。括号里面的数值为标准误差。

（一）描述性统计

为分析专利权利人提起的专利诉讼行为，笔者在上文匹配的133件非诉讼专利样本中按照与上文分析相同的标准选择了103件非诉讼专利作为配对样本进行分析。表7 -6的Wilcoxon符号秩检验结果显示，专利权利要求、专利家族和专利所引证的现有专利技术文献中值均在1%水平上显著差异。与7 -3全部诉讼专利与非诉讼专利相比，权利人提起诉讼的专利与非诉讼专利在专利被引证量和专利引证的非专利技术文献方面差异性更小。

（二）回归结果

回归结果见表7 -7。在表7 -7中，FOC、CLA、PAF的系数显著为正，这说明专利价值越高，专利权人提起诉讼的可能性越大，与H1假设一致。PPA的系数显著为正，而APA的系数为正，但统计上不显著，基本说明专利公开的专利技术文献越多，专利权利人提起诉讼的可能性越大，与H2假设一致。在回归（6）中，FOC的显著性增强，CLA的显著性有所降低，两者分别在1% F和5% F的水平与诉讼显著正相关，而PAF的显著性消失。该结论显示，在专利被引证数量、专利权利要求和专利家族共同对专利权利人提起诉讼行为影响时，专利被引证数的影响力最强，专利权利要求的影响次之，并且两者均要大于专利家族对权利人诉讼行为的影响。这说明，被引证的专利越多，该专利技术所处的技术领域越拥挤，引起专利侵权诉讼的可能性也越大。

表7-6　权利人提起的对诉讼专利与非诉讼专利有关指标的描述性统计

变量	全部样本		诉讼样本		未诉讼样本		Wilcoxon检验Z值
	Mean	Std. Dev.	Mean	Std. Dev.	Mean	Std. Dev.	
FOC	26.76214	38.60288	33.41748	46.58063	20.1068	27.12495	-1.510
CLA	26.97573	21.21629	31.28155	24.37188	22.6699	16.53006	-2.737 ***
PAF	12.29126	21.28076	16.01942	23.74124	8.563107	17.84556	-3.053 ***
PPA	20.67476	17.66203	24.80583	18.56629	16.54369	15.74103	-3.585 ***
APA	9.043689	13.2261	10.20388	13.93708	7.883495	12.43438	-1.518
Obs.	206	103	103	—	—	—	—

回归（5）与回归（6）显示，从专利公开对专利权人诉讼的影响来看，PPA的系数全部显著为正，这说明，专利权人公开的现有专利技术越多，竞争者的模仿行为也会越普遍，专利权人提起诉讼的可能性也越大。而APA的系数始终不显著，对专利诉讼行为并没有影响。

表 7-7 权利人提起诉讼的诉讼概率 Probit 回归结果

变量	假设	预期符号	回归（1）	回归（2）	回归（3）	回归（4）	回归（5）	回归（6）
常数	NO	NO	-.1604 (.1083)	-.3501 ** (.1483)	-.1303 (.1016)	-.3532 *** (.1369)	-.0761 (.1062)	-.8844 *** (.1991)
FOC	H1	+	.0062 ** (.0025)	—	—	—	—	.0071 *** (.0027)
CLA	H1	+	—	.0132 *** (.0046)	—	—	—	.0109 ** (.0047)
PAF	H1	+	—	—	.0109 ** (.0044)	—	—	.0068 (.0049)
PPA	H2	+	—	—	—	.0173 *** (.0052)	—	.0164 *** (.0060)
APA	H2	+	—	—	—	—	.0085 (.0067)	-.0002 (.0075)
Obs	N = 206	—	—	—	—	—	—	—

注：*、**、*** 分别表示其显著性水平为 10% F，5% F，1% F。括号里面的数值为标准误差。

（三）进一步分析

笔者按照与上文同样的方法把所有样本分为高质量组和低质量组并进行回归分析，回归结果见表 7-8 Panel A 和 Panel B 所示。其中，高质量组样本数为 70，低质量但样本数为 136。在 Panel A 高质量样本组中，PPA 和 APA 的系数均不显著，而在 Panel B 低质量样本组中，PPA 的系数在 1% F 的水平显著为正，APA 没有通过显著性检验。该结论与上文全部样本的分析结果一致。同时该结论进一步说明，当专利价值较低时，该专利引证的专利技术文献越多，专利权利人提起专利诉讼的概率越大。该结论从一定程度上解释了美国金融商业方法专利权利人所使用的专利策略：在美国金融商业方法专利领域，低质量专利的权利人，通过公开更多的专利技术，可以引诱竞争对手的侵权行为，然后通过实施进攻性的专利诉讼行为获得侵权损害赔偿或进行专利许可。

表7－8　专利公开对权利人提起诉讼的诉讼概率影响回归结果

Panel A：高质量样本组　　N＝70

变量	假设	预期符号	回归（1）	回归（2）	回归（3）
常数	NO	NO	.2267 (.2267)	.4246＊＊ (.2077)	.2239 (.2682)
PPA	H2	+	.0115 (.0092)	—	.0114 (.0097)
APA	H2	+	—	.0066 (.0154)	.0006 (.0165)

PanelB：低质量样本组　　N＝136

变量	假设	预期符号	回归（1）	回归（2）	回归（3）
常数	NO	NO	−.5956＊＊＊ (.1665)	−.3248＊＊ (.1289)	−.5942＊＊＊ (.1670)
PPA	H2	+	.0180＊＊＊ (.0064)	—	.0183＊＊＊ (.0071)
APA	H2	+	—	.0091 (.0075)	−.0009 (.0083)

注：＊、＊＊、＊＊＊分别表示其显著性水平为10% F，5% F，1% F。括号里面的数值为标准误差。

本章小结

企业的专利诉讼是其战略行为的一个重要方面。在研发和生产方面相互竞争的企业经常侵犯或直接挑战彼此的专利权。因此，企业往往要面临是提起诉讼还是与对方和解的选择。已有的实证分析证实这些选择与知识产权的特征、权利人特征和行业结构密切相关。通过这些特性，可以分析企业之间的战略反应。

本章以美国金融商业方法专利诉讼案例为研究对象，研究了专利价值和专利公开程度对金融商业方法专利诉讼行为的影响。

研究结果表明，（1）专利价值和专利公开对金融商业方法专利诉讼行为有着显著的影响。价值越大的专利，诉讼的可能性越大。公开越多的专利，诉讼的可能性也越大；（2）在专利价值的影响因素中，专利被引证量以及专利权利要求量对专利诉讼行为的影响要高于专利家族的影响。而在专利公开的专利文献引证和非专利文献引证两个影响因素中，引证的专利文献对金融商业方法专利诉讼行为的影响要高于非专利文献；（3）通过对专利公开对诉讼行为影响的进一步研究发现，当专利质量较低时，该专利引证的专利技术文献越多，专利权利人提起专利诉讼的概率越大。

该结论可以从一定程度上解释：由于美国对商业方法专利授权采取比较宽泛的专利政策，美国私人和个人权利人正在利用专利制度取得有质量问题的金融商业方法专利，通过增加专利公开，引诱金融企业的专利侵权行为，并通过专利诉讼达到许可专利、获得许可收入的战略目的。

随着我国金融市场的开放，国外金融机构已在我国积极申请商业方法专利，我国金融机构也将会面临日益增多的专利侵权诉讼威胁。对此，本研究的第一个重要启示在于，在商业方法专利政策方面，应该采用适合我国国情的商业方法专利授权标准，过宽的授权标准容易导致专利的泛滥，增加专利诉讼行为和社会成本。本研究的另一个重要启示是，由于金融行业的特殊性，对于金融机构来说，当遭遇到专利侵权诉讼时，需要在进行专利侵权评估的基础上，正确分析该专利的价值，对于有疑问或价值不高的专利，应该适时进行进攻性的防御，不要轻易付费进行和解。当前，我国金融企业应充分了解国外金融企业所使用的专利战略模式，正确分析竞争对手的策略行为，为自身专利决策提供战略依据。

第八章　结论与展望

第一节　主要研究结论

专利战略研究是近 10 年来知识产权管理领域学者研究的热点问题。由于专利保护的独特机制，在有些行业如生物、医药等行业，专利在保护产品不被模仿以及促进技术创新方面起着巨大的作用，因此这些行业通常是学者们关注的重点领域。在传统金融行业，由于商业方法的不可专利性，专利对该行业一直起着有限的作用。然而，随着电子商务和网络技术的发展，商业方法专利逐步得到认可。商业方法专利的出现，必将对与电子商务有关的行业带来巨大影响。本研究选取受商业方法专利影响最大的金融行业作为研究对象，重点研究商业方法专利出现以后金融企业的专利行为以及对专利策略的运用。研究的主要问题包括：基于金融行业的特性，在研究金融企业专利策略行为时首先应该从整体上把握哪些方面？金融商业方法专利的法律框架是什么，会对金融企业专利行为产生何种影响？金融商业方法专利特性和竞争态势如何？金融企业获取专利的动机如何？专利特性与金融商业方法专利诉讼行为的关系是什么？

本研究围绕以上问题进行研究，得到如下结论：

（1）在对金融业专利策略行为进行整体考虑时，首先基于专利战略理论，通过对金融行业专利运用的特性进行分析，从理论上提出了金融企业专利策略运用的框架模型。研究认为，从金融企业内部来看，金融企业专利策略的运用主要包括专利监控、专利获取和专利实施等相互密切联系的 3 个领域。从企业外部来看，金融企业专利策略的运用在很大程度上要受到商业方法专利法律制度和金融行业贸易环境的影响。

（2）商业方法法律制度问题是金融企业专利策略运用的法律基础。在讨论商业方法专利法律制度框架时，本研究主要对美国、欧盟和我国的商业方法制度框架和审查实践及其对金融专利行为的影响进行了比较研究。美国对商业方法专利的授权标准最为宽松，而欧盟关于商业方法专利的“技术性”要求是其法律制度的最主要特征。我国商业方法专利法律制度在很大程度上借鉴了欧盟的标准，并且比欧盟更为严格。商业方法法律制度对金融企业的专利行为产生重大影响。在此法律框架下，美国金融领域商业方法专利申请和授权量最多，金融企业的专利策略运用也更为积极。

（3）关于金融商业方法专利竞争态势，基于专利组合理论，通过专利信息分析，对金融商业方法专利组合策略进行了分析。研究认为，非金融机构已经在金融领域进行战略布局，抢占竞争优势，非金融机构的专利布局构成了对金融机构的主要威胁；私人和小企业持有金融商业方法专利的数量要高于其他行业；金融商业方法基础专利集中度很强；尽管非金融机构在金融领域进行专利布局，但金融机构在金融创新中仍占据优势；金融企业已经纷纷通过构建专利组合策略应对竞争。

（4）关于金融企业商业方法专利获取战略动机，研究了金融企业的专利获取策略。通过对美国金融领域的典型专利诉讼案例进行分析，研究其对专利的战略运用，识别金融企业的专利获取动机。研究认为：金融企业的专利获取动机包括防御性战略、进攻性战略以及交易战略。此外，一种新的金融专利战略模式——“专利钓饵”战略在金融行业的运用越来越普遍。这种新的“被侵权”金融专利战略模式可能对技术创新产生阻碍作用，并且加剧“专利丛林”现象。与其他行业相比，金融企业可能遭受更多专利诉讼的影响。在金融专利诉讼中，金融企业通常不是原告，而是被告。该研究表明：在金融行业等与计算机软件有关的复杂性技术行业，企业申请专利的主要动机是用于许可、交叉许可以及作为提高谈判地位的筹码。

(5) 研究了专利价值和专利公开程度对专利诉讼行为的影响。研究结果表明，专利价值和专利公开程度对金融专利诉讼行为有显著的影响。价值越大的专利，诉讼的可能性越大。公开越多的专利，诉讼的可能性也越大。在专利价值的影响因素中，专利被引证量以及专利权利要求量对专利诉讼行为的影响要高于专利家族的影响。而在专利公开的专利文献引证和非专利文献引证两个影响因素中，引证的专利文献对金融商业方法专利诉讼行为的影响要大于非专利文献。进一步研究发现，当专利质量不同时，专利公开对诉讼行为的影响存在差异。当专利质量较低时，该专利引证的专利技术文献越多，专利被诉讼的可能性越大。

第二节　研究展望

就笔者所知，目前鲜见利用专利战略理论对金融企业商业方法专利行为进行研究的论著。笔者对这一问题进行了尝试性研究，但还有许多问题有待今后进一步深入研究。

(1) 关于通过专利信息分析专利行为的问题。正如前文所述，由于商业方法专利技术专门分类的缺乏，本研究在进行专利信息分析时所运用的分析策略虽然保证了核心金融商业方法专利研究的准确性，但还有少部分非核心金融商业方法专利无法划入研究范围之内。今后研究可以在分析策略方面进一步探讨，究竟采用何种分析标准，可以更全面、更完整地对金融行业商业方法专利信息进行分析。

(2) 本书主要基于美国金融领域发生的典型案例研究了金融企业专利获取策略的战略动机。由于金融业专利策略的运用要受到商业方法法律制度以及其他很多因素的影响和制约，在后续研究中可以重点对影响金融企业专利获取策略动机的因素进行分析。

（3）金融商业方法专利诉讼策略问题。本研究通过实证数据研究了金融商业方法专利价值和专利公开对诉讼行为的影响，但由于企业专利诉讼行为除了受专利本身的特性影响以外，还会受到来自企业内部和外部诸多其他因素的影响，如企业特征、整体贸易目标、竞争对手的反应等，因此后续研究可以考虑这些因素对企业诉讼策略行为的综合影响。

（4）由于目前金融商业方法专利主要存在于美国，随着各国商业方法专利保护政策的逐步放开，其他国家金融商业方法专利申请和授权也会逐步增多，后续研究可以考虑美国之外的金融企业的专利策略行为，对不同商业方法专利制度对金融企业专利行为的影响进行更深入的比较研究。

（5）针对金融业的行业特点及商业方法专利政策的发展变化，对金融业专利策略行为综合运用法学、经济学和管理学的研究方法进行更深入、更细致的理论方面的研究。

主要参考文献

[1] Aaker, D. A. Managing assets and skills: the key to sustainable competitive. California Management Review. 1989, 18 (1): 91 ~ 106.

[2] Alcorn, L. E. Pursuing business method patents in the U. S. patent and trademark office. Computer and Internet Law. 2003, 27: 30 ~ 37.

[3] Allison, J. R. & Tiller, E. H. Internet business method patents. In W. M. Cohen & S. A. Merrill (Eds), Patents in the knowledge-based economy. Washington, D. C. National Academies Press. 2003: 259 ~ 284.

[4] Allison, J. R. & Tiller, E. H. The business method patent myth. Berkeley Technology Law Journal. 2003, 18: 5 ~ 27.

[5] Allison, J. R. & Lemley, M. A. Who's patenting what? An empirical exploration of patent prosecution. Vanderbilt Law Review. 2000, 53 (6): 2099 ~ 2174.

[6] Arora, A. & Fosfuri, A. Licensing the market for technology. Journal of Economic Behavior & Organization. 2003, 52 (2): 277 ~ 295.

[7] Arora, A. Patenting, licensing and market structure in the chemical industry. Research Policy. 1997, 26 (4/5): 391 ~ 403.

[8] Arora, A., Fosfuri, A. & Gambardella, A. Markets for technology and their implications for corporate strategy. Industrial and Corporate Change: 2001, 2 (10). 419 ~ 451.

[9] Arundel, A. & Patel, P. Strategic patenting: background report

for the trend chart policy benchmarking workshop. New Trends in IPR Policy. 2003.

[10] Arundel, A., Paal, G. & Soete, L. Innovation strategies of Europe's largest industrial firms. Results of the PACE survey for information sources, public research, protection of innovations and government programmers. Final Report, European Commission, Brussels, GD XIII. 1995.

[11] Bader M. Extending legal protection strategies to the service innovations area: review and analysis. World Patent Information. 2007, 29: 122 ~ 135.

[12] Bader, M. Managing intellectual property in the financial services industry sector: learning from Swiss Re. Working Paper. www. elsevier. com/locate/technovation. 2007.

[13] Bader, M. Intellectual Property Management in R&D Collaborations: the case of the service industry sector, Physica-Verlag, 2006.

[14] Bagby, J. W. Business method patent proliferation: Convergence of transactional analytics and technical scientifics. Business Law. 2000, 56: 423 ~ 458.

[15] Bagley, M. A. Internet business model patents: obvious by analogy. Michigan Telecommunications and Technology Law Review. 2001, 7: 253 ~ 288.

[16] Barney, J. B. Strategic factor markets: expectations, luck, and business strategy. Management Science. 1986, 32: 1231 ~ 1241.

[17] Barney, J. B. Firm resources and sustained competitive advantage. Journal of Management. 1991, 17: 99 ~ 120.

[18] Basberg, B. L. Patents and the measurement of technological change: a survey of the literature. Research Policy. 1987, 16:

131 ~ 141.
[19] Bekkers, R. , Duysters, G. & Verspagen, B. Intellectual property rights, strategic technology agreements and market structure: the case of GSM. Research Policy. 2002, 31: 1141 ~ 1161.
[20] Bender, D. & Barkume, A. R. Patents for software-related inventions. Software Law Journal. 1992, 5: 279 ~ 298.
[21] Beresford, K. European patents for software, e-commerce and business model inventions. World Patent Information. 2001, 23 (3): 253 ~ 263.
[22] Beresford, K. Patenting software under the European Patent Convention. Sweet & Maxwell. 2000.
[23] Berman, B. M. (ed.) From ideas in assets, investing wisely in Intellectual Property. Wiley & Sons, Inc. 2002.
[24] Bessen, J. Patent thickets: strategic patenting of complex technology. Working Paper. http: //www. researchoninnovation. org/thicket. pdf. 2003.
[25] Biddinger, B. P. Limiting the business method patent: a comparison and proposed alignment of Europe, Japanese and United States Patent Law. Fordham Law Review. 2001, 5: 2523 ~ 2554.
[26] Bills, S. Patent lawsuit involving Citi seen having big implications. American Banker. The financial services daily, July 27, 2005.
[27] Blasberg, S. Beware patent trolls. Risk Management, 2006, 4: 22 ~ 27.
[28] Blind, K. & Thumm, N. Interrelation between patenting and standardization strategies: empirical evidence and policy implications. Research Policy. 2004, 33 (10): 1583 ~ 1598.
[29] Blind, K, Edler, J, Frietsch, R. & Schmoch, U. The pa-

tent upsurge in Germany: the outcome of a multi-motive game induced by large companies. Working Paper. www. schumpeter2004. uni-bocconi. it/dwload. php? download = download&id_ pap = 13. 2004.
[30] Blind, K., Edler, J., Frietsch, R. & Schmoch, U. Motives to patent: empirical evidence from Germany. Research Policy. 2006, 35: 655 ~ 672.
[31] Boscaljon, B., Filbeck, G. & Smaby, T. Information content of business method patents. The Financial Review. 2006, 41: 387 ~ 404.
[32] Brinbaum, J. The case for the U. S. patent and trademark office's adoption of an open-source "bounty" system for reviewing business method and software patents, in light of the patent infringement battles featuring the U. S. financial exchanges that have been waged in recent years. UCLA Journal of Law & Technology, 2006, 2: 53 ~ 73.
[33] Bronwyn, H. & Ziedonis, R. H. The patent paradox revisited: an empirical study of patenting in the US semiconductor industry 1979-1995. RAND Journal of economics, 2001, 32: 101 ~ 125.
[34] Bronwyn, H. Business method patent, innovation, and policy. Working Paper. http: //www. nber. org/papers/w 9717. 2003.
[35] Chen, Y. & Wu, J. Unlocking the value of business model patents in e-commerce. The Journal of Enterprise Information Management. 2005, 18: 113 ~ 130.
[36] Chesbrough, H. The logic of open innovation: magaging intellectal property. California Management Review. 2003, 3 (45). 33 ~ 58.
[37] Chiappetta, V. Defining the proper scope of internet patents:

if we don't know where we want to go, we're unlikely to get there. Michigan Telecommunications and Technology Law Review. 2001, 7: 289 ~ 361.
[38] Chiappetta, V. TRIP-ping over business method patents. Vanderbilt Journal of Transnational Law. 2004, 37: 181 ~ 201.
[39] Clemons, E. K. & Row, M. C. Sustaining IT advantage: the role of structural differences. MIS Quarterly, 1991, 15 (3): 275 ~ 292.
[40] Cohen, W. M., Goto, A., Natata, A., Nelson, R. R. & Walsh, J. P. R&D spillovers, patents and the incentives to innovation in Japan and the United States. Research Policy. 2002, 31: 1349 ~ 1367.
[41] Conley, J. M. The international law of business method patents. Economic Review. 2003, 4 (88): 15 ~ 33.
[42] Corbett, R. IP strategies for start-up ecommerce companies in the post-dot-bomb era. 2002, 8: 643 ~ 663.
[43] Coyne, K. P. Sustainable competitive advantage: What it is and what it isn't. Business Horizons. 1986, 1/2: 54 ~ 61.
[44] Cremers, K. Determinants of Patent litigation in Germany, Work Paper. 2004. http://papers.ssrn.com/sol3/papers.cfm?abstract_id=604467.
[45] Davis, J. & Harrison, S. Edison in the boardroom, how leading companies realize value from their intellectual assets. John Wiley & Sons, Inc 2001.
[46] Dehning, B. & Stratopoulos, T. Determinants of a sustainable competitive advantage due to an IT-enabled strategy. Journal of Strategic Information Systems. 2003, 12 (1): 7 ~ 28.
[47] Diallo, B. Historical perspectives on IP protection for software

in selected countries worldwide. World Patent Information. 2003, 25: 19 ~ 25.

[48] Dickinson, Q. E-Commerce and Business Method Patents: An Old Debate for a New Economy. Annual Tenzer Distinguished Lecture in Intellectual Property, Benjamin N. Cardozo School of Law, Jacob Burns Institute for Advanced Legal Studies, U. S. Dept. of State, International Information Programs. 2000.

[49] Dimatteo, L. The new " problem" of business method patents: the convergence of national patent laws and international internet transactions. Rutgers Computer & Technology Law Journal. 2002, 28: 1 ~ 45.

[50] Dreyfuss, R. Are business method patents bad for business. Santa Clara Computer and High Technology Law Journal. 2000, 16: 263 ~ 278.

[51] Dreyfuss, R. Examining State Street Bank: developments in Business Method Patenting. Computer und Recht International. 2001, 1: 1 ~ 9.

[52] Drohos, P. Review of O. Granstrand: the economics and management of intellectual property, Information Economics and Policy. 2001, 13: 107 ~ 111.

[53] Dutcher, D. T. Patents on methods of doing business. Denver University Law Review. 2001, 79: 173 ~ 198.

[54] Eisenmann, T. R. Internet business models. McGraw-Hill, New York, NY. 2002.

[55] Ernst H. Patenting strategies in the German mechanical engineering industry and their relationship to firm performance. Technovation. 1995, 15 (4): 225 ~ 240.

[56] Ernst, H. Industrial research as a source of important patents. Research Policy. 1998 (a), 27 (1): 1 ~ 15

[57] Ernst, H., Patent portfolios for strategic R&D planning. Engineer Technology Management. 1998 (b), 15: 279 ~ 308.

[58] Ernst, H. Patent applications and subsequent changes of performance: evidence from time series cross-section analyses on the firm level. Research Policy. 2001, 30: 143 ~ 157.

[59] Ernst, H. Patent information for strategic technology management. World Patent Information, 2003, 25 (3): 233 ~ 242.

[60] Fazzio, J. Financial innovation patents: the future of the futures markets, or old wine in new bottles. Computer Law Review and Technology Journal. 2005, 10: 41 ~ 71.

[61] FhG. Patents in the service industries. Final Report. Fraunhofer Institute Systems and Innovation Research: Karlsruhe. 2003.

[62] Fine, G. To issue or not to issue: analysis of the business method patent controversy on the internet. BCL Review. 2001, 42: 1195 ~ 1213.

[63] Fink, M. E. Patenting business methods in Europe: what lies ahead? Indiana Law Journal. 2004, 79: 299 ~ 321.

[64] Frame, S. & White, L. Empirical studies of financial innovation: lots of talk, little action? 2002, 5: 171 ~ 180.

[65] Frankel, T. Cross-border securitization: without law, but not lawless. Duke Journal of Comparative and International Law. 1998, 8: 255 ~ 282.

[66] Furutani, H. Patentability of business method inventions in Japan compared with the US and Europe. Working Paper. Presented at USPTO, November 3. 2003.

[67] Gallini, N. The economics of patents: lessons from recent U. S. patent reform. Journal of Economic Perspective. 2002, 16 (2): 131 ~ 154.

[68] Graham, J. H. S. & D. C. Mowery. Intellectual property protec-

tion in the U. S. software industry. Berkeley, CA: Haas School, UC Berkeley. 2002.
[69] Granstrand, O. The economics and management of intellectual property: towards intellectual capitalism, Cheltenham: Edward Elgar. 1999.
[70] Grant, R. M. Toward a knowledge-based theory of the firm. Strategic Management Journal. 1996, 17: 109 ~ 122.
[71] Grindley, P. & Teece D. Managing intellectual capital: licensing and cross- licensing in semiconductors and electronics. California Management Review. 1997, 39 (2): 8 ~ 41.
[72] Hall, B. & Macgarvie. The private value of software patents. Working Paper. http://www. nber. org/papers/. 2006.
[73] Hall, B. & Ziedonis, R. M. The patent paradox revisited: an empirical study of patenting in the U. S. semiconductor industry, 1979 ~ 1995. RAND Journal of Economics. 2001, 1 (1): 101 ~ 128.
[74] Hall, B. Business method patents, innovation and policy. Working Paper. http://papers. nber. org/papers/w9717. pdf. 2003.
[75] Hall, B, Graham, S, Harhoff, D. & Mowery, D. Prospects for improving U. S. patent quality via post-grant opposition. Working Paper. http://www. nber. org/papers/w9731. 2003.
[76] Hall, B, Jaffe, A. & Trajtenberg, M. Market value and patent citations. RAND Journal of Economics. 2005, 36 (1): 16 ~ 38.
[77] Hall, R. A framework linking intangible resources and capabilities to sustainable competitive advantage. Strategic Management Journal. 1993, 14: 607 ~ 618.
[78] Hall, R. The strategic analysis of intangible resources. Strategic Management Journal. 1992, 13: 135 ~ 14.

[79] Harhoff, D. & Hall, B. Intellectual property strategy in the global cosmetics industry. Working Paper. http://elsa. berkeley. edu/_ bhhall/IP% F20Cosmetics_ NBER02. pdf. 2002.

[80] Harhoff, D. & Reitzig, M. Determinants of opposition against EPO patent grants-the case of biotechnology and pharmaceutical. International Journal of Industrial Organization. 2004, 22 (4): 433 ~480.

[81] Harhoff, D., Scherer, F. M. & Vopel, K. Citations, family size, opposition and the value of patent rights. Research Policy. 2003, 32 (8): 1343 ~1363.

[82] Hart, R., Holmes, P. & Reid, J. The economic impact of patentability of computer programs. Report to the European Commission, OECD. 2000.

[83] Hasegawa, K., Nagata, A., Toyama, R., Hirata, T. & Sasaki, T. Classification of the patent strategy of the Japanese firms by market environment and the characteristics of technology. Management of Engineering and Technology. 2001, 1: 39.

[84] Heller, M. A. & Eisenberg, R. Can patents deter innovation? The anticommons in biomedical research. Science. 1998, 5: 698 ~701.

[85] Heller, M. A. The tragedy of anticommons: property in the transition from Marx to Markets. Harvard Law Review. 1999, 11/12: 621 ~688.

[86] Herrera, H. & Schroth, E. Profitable innovation without patent protection: the case of derivatives. Working Paper. http://search. ssrn. com/sol3/papers. cfm? abstract _ id = 384822 . 2003 .

[87] Hilty, R. M. ? & Geiger, C. Patenting software? A judicial and socio-economic analysis. International Review of Intellectual

Property and Competition Law. 2005, 6: 615 ~646.

[88] Hunt R. M. Intellectual property rights and standard setting in financial services: the case of the single European payments area. Working Paper. http: //papers. ssrn. com/sol3/papers. cfm? abstract_ id = 1018483. 2007.

[89] Hunt, R. M. Business method patents and U. S. financial services . Working Paper. http: //www. philadelphiafed. org/files/wps/2008/wp08-10. pdf. 2008.

[90] Hunt, R. M. You can patent that? Are patents on computer programs and business methods good for the new economy. Federal Reserve Bank of Philadelphia Business Review, 2001, 1: 5 ~ 15.

[91] Hunter S. D. Have business method patents gotten a bum rap? Some empirical evidence. Working Paper. MIT Sloan School of Management. 2003.

[92] Jaffe, A. & Lerner, J. Innovation and its discontents, how our broken patent system is endangering innovation and progress, and what to do about it. Princeton University Press. 2004.

[93] Jaffe, A. & Lerner, J. Into the patent thicket. Princeton, NJ: Princeton University Press. 2004.

[94] Kalpakidou, A. Business method patents. Should they survive in Europe? International Journal of Law and Information Technology. 2005, 13: 243 ~259.

[95] Kash, D. E. & Kingston, W. Patents in a world of complex technologies. Science and Public Policy. 2001, 28 (1): 11 ~22.

[96] Kesan, J. P. Carrots and sticks to create a better patent system. Berkeley Technology Law Journal. 2002. 17: 764 ~797.

[97] Knight, H. Patent strategy for researcher and research manag-

ers. John Wiley &Sons, New York. 2001.
[98] Kopelman, A. Addressing questionable business method patents prior to issuance: a two-part proposal, Cardozo Law Review. 2006, 3: 2391 ~2436.
[99] Kortum, S & Lerner J. Stronger protection or technological revolution: what is behind the recent surge in patenting? Carnegie-Rochester Conference Series on Public Policy. 1998, 48 (6): 247 ~304.
[100] Krause, W. Sweeping the E-commerce patent minefield: the need for a workable business method exception. Seattle University Law Review. 2001, 24: 79 ~105.
[101] Kretschmer, M. & Soetendorp, R. The strategic use of business method patents: a pilot study of out of court settlements. Journal of e-Business. 2001, 2 (1): 9 ~38.
[102] Kuester, J. & Thompson, L. E. Risks associated with restricting business method and e-commerce patents. Georgia State University Law Review. 2001, 17: 657 ~689.
[103] Kuester, J. R. Risks associated with restricting business method and e-commence patents. Georgia State University Law Review. 2001, 17: 657 ~689.
[104] Kumar, P. & Turnbull, S. M. Patenting and licensing of financial innovations. Working Paper. SSRN. 2006.
[105] Lanjouw, J. O. & Schankerman, M. A. Characteristics of patent litigation: a window on competition. The Rand Journal of Economics. 2001, 32 (1): 129 ~151.
[106] Lanjouw, J. O. & Schankerman, M. A. Enforcement of patent rights in the United States. In: Cohen, W. M. & Merrill, A. (eds.) Patents in the knowledge-based economy. The National Academic Press, Washington, D. C. 2003.

[107] Lee, N. Patent eligible subject matter reconfiguration and the emergence of proprietarian norms-the patent eligibility of business methods. IDEA-The Journa of Law and Technology. 2005, 45: 321 ~359.

[108] Leo, R. The State Street Bank decision: the bad business of unlimited patent protection for methods of doing business. Fordham Intellectual Property Media & Entertainment Law Journal. 2006, 10: 61 ~104.

[109] Lerner, J & Zhu, F. What is the impact of software patent shifts? Evidence from Lotus v. Borland. Working Paper. www. nber. org/papers. 2005.

[110] Lerner, J. The new new financial thing: the origins of financial innovations. Working Paper. www. people. hbs. edu/jlerner/FinInnov. pdf. 2005.

[111] Lerner, J. Trolls on State Street?: the litigation of financial patents, 1976 ~2005. Working Paper. http: //www. people. hbs. edu/jlerner/Trolls. pdf. 2006.

[112] Lerner, J. Two-edged sword: the competitive implications of financial patents. Working Paper. www. frbatlanta. org/news/conferen/fm2003/lerner. doc. 2003.

[113] Lerner, J. Where does State Street lead? A first look at finance patents, 1971 ~ 2000. The Journal of Finance, 2002, 2, 901 ~930.

[114] Likhovski, M. Fighting the patent wars. European Intellectual Property Review. 2001, 23 (6): 267 ~272.

[115] Liotard, I. Software and business method patents: case law evolution and market strategies. Working Paper. University of Paris Nord. http: //www. dime-eu. org/files/active/0/Liotard. pdf. 2005.

[116] Lowe, J. &Taylor, P. R&D and technology purchase through license agreements. R&D Management. 1998, 28 (4): 263 ~278.

[117] Lunney, G. S. E-Obviousness. Michigan Telecommunications and Technology Law Review. 2001, 7: 363 ~422.

[118] Lytle, B. & Signore, P. Finance companies rush to patent business methods. Managing Intellectual Property. 2004, 136: 1 ~6.

[119] Macdonald, S. & Lefang, B. Innovation and the patent attorney. Prometheus. 1997, 15: 329 ~343.

[120] Mansfield, E. Patents and innovation: an empirical study. Management Science . 1986, 32: 173 ~181.

[121] Martin, N. L. The strategic value of business method patents in information systems. Doctoral Dissertation. 2006.

[122] Maskus, K. & Wong, E. Searching for economic balance in business method patents. Working Paper. http: //law. wustl. edu/journal/8/p289Maskusbookpages. pdf. 2001.

[123] McDonough, J. F. The myth of the patent troll: an alternative view of the function of patent dealers in an idea economy. Emory Law Journal. 2006, 56: 189 ~217.

[124] Mello, J. P. Legal update: technology licensing and patent trolls. Boston University Journal of Science and Technology Law. 2006, 12: 388 ~396.

[125] Merges, R. As many as six impossible patents before breakfast: Property rights for business concepts and patent system reform. Berkeley Technology Law Journal. 1999, 14 (2): 577 ~615.

[126] Merges, R. The uninvited guest: patents on wall street. Federal Reserve Bank of Atlanta Economic Review. 2003, 88 (4): 1 ~14.

[127] Meurer, M. Business method patents and patent floods. Washington University Journal of Law and Policy. 2002, 8: 309 ~340.

[128] Miele, A. Patent strategy, the manager's guide to profiting from patent portfolios. John Wiley & Sons, Inc. 2000.

[129] Miles, I., Andersen, B., Boden, M. & Howells, J. Service production and intellectual property. International Journal of Technology Management. 2000, 20 (1/2): 95 ~ 115.

[130] Mykytyn, M., Mykytyn, P., Bordoloi, B. McKinney V. & Bandyopadhyay K. The role of software patents in sustaining IT-enabled competitive advangate: a call for research. Journal of Strategic Information Systems. 2002, 11 (1): 59 ~ 82.

[131] National Research Council. A Patent System for the 21st Century. The National Academies Press. Washington, D. C. 2004.

[132] Nerkar, A. Business method patents as real options: value and disclosure as drivers of litigation. Real Options in Strategic Management. Advances in Strategic Management. 2007, 24: 247 ~ 274.

[133] Newman, J. The patentability of computer-related inventions in Europe. Europe Intellectual Property Review, 1997, 12: 701 ~ 708.

[134] Ovans, A. Can you patent your business model? Harvard Business Review. 2000, 78: 16.

[135] Penrose, E. T. The theory of the growth of the firm. New York: Wiley, 1959.

[136] Peteraf, M. A. The cornerstones of competitive advantage: Are source-based view. Strategic Management Journal, 1993, 14: 179 ~ 191.

[137] Petersson, J. Business method patent. Master Thesis. University of Gothenburg, 2002.

[138] Pitkethly, R. H. Intellectual property strategy in Japanese and UK companies: patent licensing decisions and learning opportunities. Research Policy. 2001, 30 (3): 425 ~ 442.

[139] Porter, M. Strategy and the internet. Harvard Business Review. 2003, 3: 63 ~ 68.

[140] Priest, G. L. & Klein, B. The selection of disputes for litigation. Journal of Legal Studies. 1984, XIII: 1 ~ 55.

[141] Quinn, E. R. The proliferation of electronic commerce: don't blame the PTO, Rutgers Computer & Technology Law Journal. 2002, 28: 121 ~ 153.

[142] Rantanen, J. Slaying the troll: litigation as an effective strategy against patent threats. Santa Clara Computer and High Technology Law Journal. 2006, 23: 159 ~ 190.

[143] Reitzig, M. Improving patent valuations for management purposes-validating new indicators by analyzing application rationales. Research Policy. 2004, 33: 939 ~ 957.

[144] Reitzig, M. On sharks, trolls, and their patent prey – unrealistic damage awards and firms strategies of "being infringed". Joachim Henkel and Christopher Heath Research Policy. 2007, 36 (1): 134 ~ 154.

[145] Reitzig, M. Strategic management of intellectual property. MIT Sloan Management Review. Spring. 2004, 35 ~ 40.

[146] Reitzig, M. What determines patent value? : Insight from the semiconductor industry. Research Policy. 2003, 32: 13 ~ 26.

[147] Reitzig, M. The private values of "thickets" and "fences": towards an updated picture of the use of patents across industries. Ecomonics of Innovation and New Technology. 2004, 13 (5): 457 ~ 476.

[148] Rivette, K. G. & Kline, D. Discovering new value in intellectual property. Harvard Business Review. 2000, 78 (1): 54 ~ 66.

[149] Rivette, K. G. & Kline, D. Rembrandts in the attic: unlocking

the hidden value of patents. Harvard Business School Press: Boston. 2000.

[150] Rober, M. H. Business method patents and U. S. financial services. Working Paper. http://www.philadelphiafed.org/files/wps/2008/wp08 ~10. pdf. 2008.

[151] Robert, L. S. Business method patent: a United State perspective. USPTO, September 2001.

[152] Roberts, B. Tale of two patent strategies. Electronic Business. 1999, 10 (25): 79 ~84.

[153] Rumelt, R. P. Toward a strategic theory of the firm, competitive strategic management. R. B. Lamb. Englewood Cliffs, New Jersey, Prentice-Hall: 1984: 556 ~570.

[154] Sakakibara, M., & Branstetter, L. Do stronger patents induce more innovation? Evidence from the 1988 Japanese Patent law reforms. Rand Journal of Economics. 2001, 32: 77 ~100.

[155] Schaafsma, P. E. A gathering storm in the financial industry. Stanford Journal of Law, Business and Finance. 2004, 9: 176 ~198.

[156] Schwartz, E. Patents and R&D as real options. Working Paper. http://www.NBER.org/papers. 2003.

[157] Shapiro, C. Navigating the patent thicker: cross- licenses, patent pool, and standard-setting. Working Paper. http://faculty.haas.berkeley.edu/Shapiro/thicket pdf. 2001.

[158] Smith, B. & Mann, S. Innovation and intellectual property protection in the software industry: an emerging role for patents? The University of Chicago Law Review. 2004, 71 (1): 241 ~264.

[159] Soininen, A. The software and business-method patent ecosystem: academic, political, legal and business developments in the U. S. and Europe. Doctoral Dissertation. 2005.

[160] Somaya, D. Patent strategy viewed through the lens of patent litigation. Doctoral Dissertation. University of California, Berkeley. 2002.
[161] Somaya, D. & Teece, D. Combining patented inventions in multi-invention products. Transactional challenges and organizational choices. Working Paper. University of Maryland, University of California at Berkeley. 2001.
[162] Somaya, D. Theoretical perspective on patent strategy. Working Paper. University of Maryland. 2003.
[163] Spindler, G. The European legal famework for software patents. Paper presented at the EPIP conference on New Challenges to the Patent System, EPO, Munich, Germany. April 24/25, 2003.
[164] Stanford, C. Business method patents and financial services. Economic Review – Federal Reserve Bank of Atlanta, Fourth Quarter. 2003, 88 (4): 5 ~ 7.
[165] Straus, J. Is there a global warming of patens? The Journal of World Intellectual Property. 2008, 1: 58 ~ 62.
[166] Straus, J. Patent litigation in Europe-A glimmer of hope? Present status and future perspective. Washington University Journal of Law and Policy. 2000, 2: 403 ~ 428.
[167] Straus, J. The impact of the new world order on economic development: the role of the intellectual property rights systems. The John Marshall Review of Intellectual Property Law. 2006, 6: 1 ~ 16.
[168] Taffet, R. & Hanish, M. Business method patents: The uproar continues- but should it? International Legal Strategy. 2001, 10 (2): 23 ~ 37.
[169] Taketa, J. Notes: The future of business method software pa-

tents in the international intellectual property system. Southern California Law Review 2002, 75: 943 ~982.

[170] Tang, P. & Adams, J. Patent protection for computer software programs. Report for Directorate Generate Enterprise, European Commission. 2001.

[171] Tang, P. & Pare, D. Gathering the foam? A critical review of business method patents. International Review of Law, Computers, and Technology. 2003, 17 (2): 127 ~162.

[172] Teece, D. Managing intellectual capital. Organizational, strategic and policy dimensions. Oxford University Press. 2000.

[173] Thumm, N. Management of intellectual property rights in European biotechnology firms. Technological Forecasting and Social Change. 2001, 67: 259 ~272.

[174] Thumm, N. Patenting as a protection tool: a reassessment. Institute for Prospective Technological Studies, Sevilla. IPTS report. 2000, 43: 26 ~31.

[175] Thumm, N. Strategic patenting in biotechnology. Technology Analysis & Strategic Management. 2004, 16 (4): 529 ~538.

[176] Tufano, P. Financial innovation and first mover advantages. Journal of Financial Economics. 1989, 25: 213 ~240.

[177] Wagner, S. Business method patents in Europe and their strategic use - evidence from franking device manufacturers. SFB Discussion Paper No. 386. Available at SSRN: http://ssrn.com/abstract =599743. 2004.

[178] Wells, M. G. Internet business method patent policy. Virginia Law Review. 2001, 87: 729 ~780.

[179] Wernerfelt, B. Are source-based view of the firm. Strategic Management Journal. 1984, 5: 171 ~180.

[180] Wiese, W. D. Death of a myth: the patenting of internet business models after State Street Bank, Marquette Intellectual Property Law Review. 2000, 4: 17 ~48.

[181] Yoon, B, Yoon, C & Park, Y. On the development and application of a self-organizing feature map-based patent map. R&D Management. 2002, 32 (4): 291 ~300.

[182] Zhang, Yurong & Yu, Xiang. The patent protection for business method inventions in China. European Intellectual Property Review. 2008, 10: 412 ~419.

[183] Ziedonis, R. H. Don't fence me in: fragmented markets for technology and the patent acquisition strategies of firms. Management Science. 2004, 50 (6): 804 ~820.

[184] 戴维·贝赞可，戴维·雷德诺夫，马克·尚利. 公司战略经济学［M］. 武亚军总译校，北京：北京大学出版社. 1999.

[185] 戴志敏，陈立毅. 美国金融类商业方法专利及其启示［J］. 外国经济与管理，2003 (11): 29 ~33.

[186] 冯晓青. 企业技术创新与专利战略之探讨［J］. 信息技术与标准化. 2005 (8): 34 ~36.

[187] 冯晓青. 企业知识产权战略［M］. 北京：知识产权出版社. 2005.

[188] 高山行，贺小雨，胡海平. 商业方法专利侵权判定原则研究［J］. 情报杂志. 2006 (7): 71 ~73.

[189] 郭斯伦. 电子商务商业方法专利的创造性判断标准分析［J］. 云南大学学报（法学版）. 2006 (3): 36 ~41.

[190] 李玉剑，宣国良. 专利联盟：战略联盟研究的新领域［J］. 中国工业经济. 2004 (2): 48 ~54.

[191] 刘林青，谭力文，赵浩兴. 专利丛林、专利组合和专利联盟——从专利战略到专利群战略［J］. 研究与发展管

理.2006（4）：83~89.
［192］倪颂军．商业银行的金融专利保护问题研究［D］．硕士论文.2005.
［193］戚昌文，邵洋．市场竞争与专利战略［M］．武汉：华中理工大学出版社.1995.
［194］任声策，宣国良．企业专利诉讼行为及其影响机制分析．［J］知识产权.2006：241~46.
［195］夏志华．基于金融创新的金融专利研究［D］．硕士论文.2004.
［196］杨雨，朱东华，任志军，林春燕．银行科技创新的专利策略研究［J］．科学学与科学技术管理.2006（4）：77~81.
［197］雍海英，李学丽，蒋飞．中资银行商业方法专利战略现状及分析［J］．商业研究.2006（5）：28~31.
［198］余翔，张玉蓉．金融专利新战略“专利钓饵”及其防范［J］．研究与发展管理.2008（3）：100~105.
［199］余翔，张玉蓉．美国金融业专利战略研究及启示［J］．国际金融研究.2008（3）：20~26.
［200］岳贤平，李廉水，顾海英．专利交叉许可的微观机理研究［J］．情报理论与实践.2007（3）：306~310.
［201］张铭．商业方法专利在欧洲的保护．http：//www．paper. edu. cn/en/downloadpaper. php？ serial _ number = 200602-307&type = 1.
［202］张平．论商业方法软件专利保护的创造性标准——美、日、欧三方专利审查之比较［J］．知识产权，2003（1）：25~29.
［203］张平．商业方法软件专利保护：美国的实践及其启示［J］．法商研究．2005（4）：138~145.
［204］张琦．动态环境下的企业战略过程［M］．武汉：中国地

质大学出版社．2008.
［205］张玉蓉，余翔．美国金融业商业方法专利实证分析及其对我国的启示［J］．知识产权．2008（2）：70～78.
［206］张玉蓉，余翔．我国核电行业专利战略研究［J］．电子知识产权．2006（12）：22～27.
［207］章景．银行业金融商业方法专利研究［D］．硕士论文．2005.

附录　美国金融商业方法涉案专利及诉讼当事人*[1]

序号	涉案美国专利号	诉讼当事人
1	7155408	Digital Assurance Certification v. Municipal Advisory Council of Texa
2	7117176	Sharebuilder Corporation v. Foliofn Investments
3	7110971	Sharebuilder Corporation v. Foliofn Investments
4	7089201	Transamerica Life Insurance Company v. Lincoln National Life Insurance
5	7072862	H&R Block Tax Services v. Jackson Hewitt Tax Service
6	7024384	Nextrade Holdings v. Philadelphia Stock Exchange
7	6996539	Sharebuilder Corporation v. Foliofn Investments
8	6963857	JSA Technologies v. Cbord Group
9	6963852	American General Life Insurance Company v. Pennmont Benefit Services
10	6947906	Govdeals, Inc v. Metropolitan Government of Nashville and Davidson County
11	6941281	Advanceme v. Rapidpay

* 同一件金融商业方法专利有可能涉及多个原、被告，表格中仅列出其中的一个原告和被告。

续表

序号	涉案美国专利号	诉讼当事人
12	6922720	Blackwater Technologies v. Synesi Group
13	6832211	Chi Research v. Crystal Lake Analytics
14	6772132	Trading Technologies International v. ORC Software
15	6766304	Trading Technologies International v. ORC Software
16	6718313	Nextcard v. American Express Company
17	6697787	Simplification v. Block Financial Corp.
18	6611816	Lendingtree v. Cyber Financial Network
19	6601044	Sharebuilder Corporation v. Foliofn Investments
20	6587841	Dealertrack v. Routeone LLC
21	6581042	Biopay LLC v. Solidus Networks
22	6567791	Nextcard, LLC v. American Express Company
23	6560580	Espeed v. Brokertec USA LLC
24	6539362	Papyrus Technology v. New York Stock Exchange
25	6493682	Wald v. Investment Technology Group
26	6405182	Default Proof v. Home Depot USA
27	6405180	Chicago Board Options Exchange, Incorporated v. International Securities Exchange
28	6339766	Transactionsecure v. GE Consumer Finance,
29	6292788	Fort Properties Inc v. American Master Lease LLC
30	6289319	Panip LLC v. Aseptico
31	6269348	Invidos Corporation v. Excel Innovations
32	6230148	Invidos Corporation v. Excel Innovations

续表

序号	涉案美国专利号	诉讼当事人
33	6192347	Graff/Ross Holdings LLP v. Federal Home Loan Mortgage Corporation
34	6175824	Chi Research v. Crystal Lake Analytics
35	6164533	Barton Patent 533 LLC v. Bank of America National Association
36	6154879	Invidos Corporation v. Excel Innovations
37	6151588	Tradecard v. S1 Corporation
38	6105007	Household Intl Inc v. Decisioning. com
39	6088685	Mopex v. American Stock Exchange
40	6076072	State Farm Mutual Automobile Insurance Company v. LPL Licensing
41	6044362	Emergis Technologies v. PNM Resources
42	5999917	Metropolitan Life Insurance Co. v. Bancorp Services
43	5995947	IMX v. E – Loan
44	5987434	State Farm Mutual Automobile Insurance Company v. LPL Licensing
45	5963923	Garber v. Chgo Mercantile Ex.
46	5940811	Household Intl v. Decisioning. com
47	5930778	Datatreasury v. Wells Fargo
48	5926792	Bancorp Services v. Sunlife Assurance Company of Canada（U. S. ）
49	5924082	Reuters Transaction v. Bloomberg LP
50	5915245	Papyrus Technology Corporation v. New York Stock Exchange
51	5905974	Liberty Investment v. Cantor Securities
52	5903879	Mitchell v. First Northern Credit Union
53	5887273	Witold A. Ziarno v. The American Red Cross
54	5878403	Dealertrack v. Routeone LLC

续表

序号	涉案美国专利号	诉讼当事人
55	5870721	Household Intl v. Decisioning. com
56	5870719	Sun Microsystems Inc v. Versata Enterprises Inc
57	5832461	Trans Texas Holdings v. Pimco Advisors
58	5806048	Mopex, Inc. v. American Stock Exchange
59	5787405	Southwest Efuel Network v. Transaction Tracking Technologies
60	5774877	Papyrus Technology Corporation v. New York Stock Exchange
61	5717868	Datatreasury v. Wells Fargo
62	5406626	Command Audio v. Sony Electronics
63	5025372	Meridian Enterprises v. Carlson Marketing Group
64	4346442	Paine, Webber, Jackson & Curtis v. Merrill, Lynch, Pierce, Fenner & Smith
65	6999938	State Farm Mutual Automobile Insurance Company v. LPL Licensing
66	6618707	International Securities Exchange v. Chicago Board Options Exchange
67	6611815	Lincoln National Life Insurance Company v. Transamerica Financial Life Insurance
68	6567790	Wealth Transfer Group LLC v. Rowe
69	6560580	Espeed v. Brokertec USA LLC
70	6298348	Expanse Networks v. Catalina Marketing Corp.
71	6282517	Autobytel Inc V. Dealix Corp.
72	6278982	Lava Trading Inc v. Royalblue Group PLC
73	6073116	Boyle v. Molson Coors Brewing Company
74	6023684	S1, Inc. v. Corillian Corporation
75	4989141	Hyperion Solutions Corporation v. Outlooksoft Corporation

续表

序号	涉案美国专利号	诉讼当事人
76	4722055	College Savings Bank v. Centrust Bank
77	5903879	Mitchell v. First Northern Credit Union et al
78	7152044	Graff/Ross Holdings LLP v. Federal Home Loan Mortgage Corporation
79	7149720	CLS Bank International v. Alice Corporation Pty Ltd
80	7136834	Liquidnet v. ITG
81	7043454	Pitchware v. Monster Worldwide
82	7043450	Paid Search Engine Tools v. Yahoo
83	7024387	Fifth Market Inc v. CME Group
84	7024384	Nextrade Holdings v. Philadelphia Stock Exchange
85	6954741	Debt Resolve v. Apollo Enterprise Solutions
86	6912510	CLS Bank International v. Alice Corporation Pty Ltd
87	6813612	Auction Management Solutions v. Manheim Auctions
88	6557006	Active8Now v. Advance Publications
89	6535889	Aactive8Now v. Advance Publications
90	6499018	Ariba v. Emptoris
91	6496809	Flash Seats v. Paciolan
92	6418419	Fifth Market v. CME Group
93	6408283	Ariba Inc v. Emptoris Inc
94	6377940	Chicago Board Options Exchange v. International Securities Exchange
95	6260025	Reuters Transaction v. Bloomberg LP
96	6230146	Ariba v. Emptoris
97	6223167	FreeMarkets v. Procuri
98	6216114	FreeMarkets v. Procuri
99	6202051	Mercexchange v. eBay
100	6085176	Mercexchange v. eBay

续表

序号	涉案美国专利号	诉讼当事人
101	6058379	Bid/Ask, L. L. C. v. Enron Corp.
102	5991739	Food. Com. v. Quikorder
103	5970479	CLS Bank International v. Alice Corporation Pty Ltd
104	5963923	Garber v. Chgo Mercantile Ex
105	5924083	Reuters Transaction v. Bloomberg LP
106	5903879	Mitchell v. First Northern Credit Union
107	5845265	Mercexchange v. eBay
108	4903201	Electronic Trading Systems v. The N. Y. Mercantile Exchange
109	6405181	Nextcard v. American Express
110	6282658	Equifax v. Verid
111	6249217	Procon v. Calamp Corporation
112	6094643	HNC Software v. Pulse EFT Association
113	6076072	State Farm Mutual Automobile Insurance Company v. LPL Licensing
114	6029154	Cybersource Corporation v. Retail Decision
115	6025774	Procon v. Calamp Corporation
116	5946669	Pay Child Support Online v. Affiliated Computer Services
117	5913212	Tele – Publishing v. Chico Community Publishing
118	5699527	Intralinks v. David E. Davidson
119	5383113	Checkfree v. Intuit
120	7020692	Blackwater Technologies v. Synesi Group
121	7013298	Hyperphrase Technologies v. Google
122	7013284	Accenture Global Services GMBH v. Guidewire Software

续表

序号	涉案美国专利号	诉讼当事人
123	6963852	American General Life Insurance Company v. Pennmont Benefit Services
124	6584446	Golden Rule Insurance Company v. the Lincoln National Life Insurance Compan
125	6122635	Newriver v. Mobular Technologies
126	6065000	Ailan Corporation v. Risk Sciences Group
127	5950169	CCC Info Svc Inc v. Mitchell Intl Inc
128	5758341	Outsourced Administrative Systems v. Blue Cross Blue Shield of South Carolina
129	5301105	Allcare Health Management Systems v. Trigon Healthcare
130	5253164	McKesson Information v. Trizetto Group
131	5070452	No Patent MGMT Inc v. Healtheon/Webmd Corp.
132	4858121	Viewpointe Archive Services v. Datatreasury
133	4766539	Henry Fox v. Harold Mollin

后　记

2000 年我作为一名国际贸易专业学生[illegible]识产权法学专业硕士研究生，工作 2 年后又师[illegible]识产权管理学博士学位，现又有幸加入陶鑫良老[illegible]续从事知识产权方面的教学和研究工作，掐指一算[illegible]过去了。在昏暗的台灯下，隔着漆黑的玻璃窗，遥望[illegible]的风景，我仿佛看到了那个租住在寒冷的小屋里抱着厚厚考研书的懵懵懂懂的小姑娘，还有 2000 年考研结束后武汉的第一场大雪。时间如流水，悄然从我的指间滑过。过去这些年的经历对我来说是非比寻常的，不论是痛苦、艰辛还是喜悦，都将是我人生中最宝贵的一笔财富。在这一过程中，许多人给予了我关怀和帮助，我内心充满了无限感激。

首先要感谢我的博士生导师余翔教授。从我开始攻读博士学位起，余老师一直对我严格要求，在多个大型研究项目中委以我重任，充分给予我锻炼的机会，让我在压力中得到成长。余老师严谨细致、一丝不苟的作风一直是我学习的榜样。导师国际化的视野、前沿而精髓的学术造诣、勤奋的治学风格，深刻影响着我的学习和生活。感谢我的硕士导师刘平副教授。当年正是刘老师把我领进了知识产权研究之门。3 年硕士阶段的学习，为我以后的知识产权研究打下了良好的基础。在攻读博士学位期间，刘老师一如既往给予我无尽的关怀和帮助。在此，谨向两位导师致以最崇高的敬意和最衷心的感谢！

在攻读博士学位期间的最后 1 年，我有幸获得教育部留学基金委员会全额奖学金资助，到世界著名知识产权研究所——德国慕尼黑马普知识产权研究所从事 1 年博士论文研究工作。感谢国家留学基金委员会给予我的奖学金支持，正是在该基金的支持下，我才有幸获得了与世界著名学者交流的机会。感谢余老师给予我的推荐。感谢马普知识产权研究所所长 Reto M. Hilty 教授邀请我到马普知识产权研究所从事研究工作并对我博士论文给予的指导。感谢世界著名知识产权专家 Joseph Straus 教授给予我多次面对面交流的机会、为我提供的资料和给予我鼓励。感谢我的副指导老师 Peter Ganea 博士在学术上给予我的帮助以及在生活上给予我的大力关照。感谢在马普知识产权研究所的中国同学们给予我的所有帮助和带给我的宝贵友谊。这一年的留学经历让我永远难以忘怀。很怀念慕尼黑的教堂、动人的音乐、美丽的伊萨河、街边的樱桃，还有慕尼黑的大雪……

感谢华中科技大学管理学院知识产权系朱雪忠教授、杨为国教授、袁晓东副教授、蒋逊明博士在我攻读博士和硕士学位期间给予我的关心和帮助。

特别感谢我现在工作单位的领导——上海大学知识产权学院院长陶鑫良教授。在我进入知识产权领域伊始，就早已久闻陶老师深厚的学术造诣，内心充满了无限敬仰。博士毕业以后有幸加入陶老师的研究团队，感到特别荣幸，同时也深深体会到未来肩上的压力和重任。正是在陶老师的大力支持、帮助和鼓励下，本书最终才得以问世。感谢知识产权学院许春明副院长，在我来到新的工作岗位后给予我的关心和帮助，以及对本书出版给予的鼓励和支持，对此我内心充满了感激。

走到今天，一路上离不开我的朋友们给予我的大力帮助和支持。然而遗憾的是我无法一一列举他们的名字。在此，对曾给予过我帮助的所有朋友们表示最真挚的谢意。

特别感谢本书的责任编辑刘睿女士为本书顺利出版所付出的劳动。她爽快、热情的为人与认真、细致的工作态度不仅给我留下了难以忘怀的深刻印象，也使本书增色良多。

“谁言寸草心，报得三春晖”。感谢父母在我成长道路上常年累月的支持和理解。父母无私的爱让我在孤身求学的道路上倍感生活的温暖。

作为我的第一部学术专著，在书稿终于完成的今天，心情是复杂的，既有掩饰不住的喜悦，又有些诚惶诚恐，如履薄冰。由于自己才疏学浅，深感“心有余而力不足”，书稿付梓尚存很多缺憾之处。本书的部分章节曾先后在《Intellectual Property Review》《国际金融研究》《科研管理》《研究与发展管理》《知识产权》等期刊发表，感谢这些刊物编审的厚爱。同时也感谢知识产权出版社接受本书出版。

张玉蓉

2009 年 11 月 3 日于上海